SIMONE CARNEIRO

WASTELAND

Inhaltsverzeichnis

Table of contents

CODE

```
{
    „Shape“: {
        „type“: 0,
        „color“: 1,
        „params“: [
            1,
            -3,
            1,
            -1,
            1,
            -1,
            2,
            3,
            0,
            0,
            0,
            0,
            1,
            1,
            1,
            0
        ],
        „silhouetteWidth“: 2,
        „highResolution“: false
    },
    „Display“: {
        „surfaceOpacity“: 1,
        „outlineOpacity“: 0.5,
        „surfaceShininess“: 75,
        „ambientFactor“: 0.5
    },
    „Section“: {
        „planeAzimuth“: 0,
        „planeAltitude“: 0,
        „projectShape“: false,
        „projectionOffset“: -1.75,
        „clipShape“: false,
        „clipOffset“: 0
    },
    „Transition“: {
        „easing“: 2,
        „speed“: 1
    }
}
```

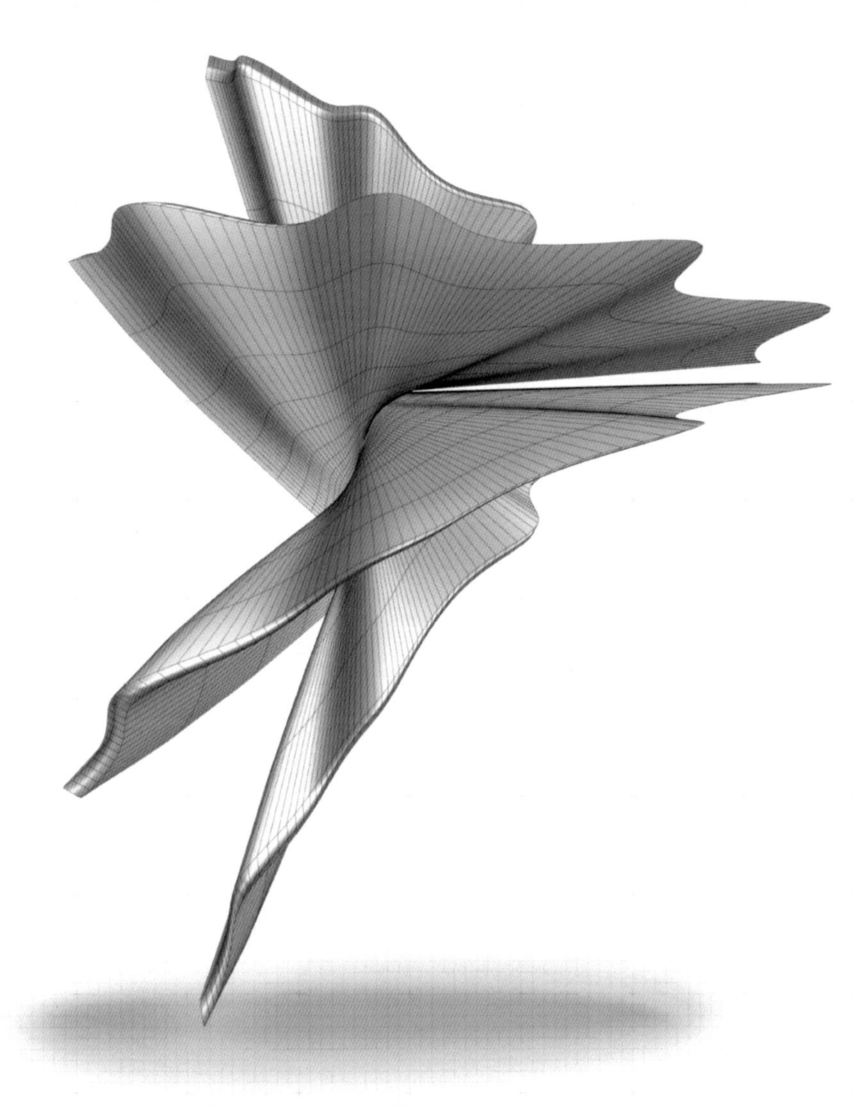

Am I beautiful?
Ausgangsbild | Source image, 2020
Screenshot

CODE

```json
{
    „Shape“: {
        „type“: 0,
        „color“: 0,
        „params“: [
            0,
            1,
            1,
            -4.1,
            0,
            1.5,
            1,
            4,
            0,
            0,
            0,
            0,
            1,
            1,
            1,
            0
        ],
        „silhouetteWidth“: 2,
        „highResolution“: false
    },
    „Display“: {
        „surfaceOpacity“: 1,
        „outlineOpacity“: 0.5,
        „surfaceShininess“: 75,
        „ambientFactor“: 0.5
    },
    „Section“: {
        „planeAzimuth“: 0,
        „planeAltitude“: 0,
        „projectShape“: false,
        „projectionOffset“: -1.75,
        „clipShape“: false,
        „clipOffset“: 0
    },
    „Transition“: {
        „easing“: 2,
        „speed“: 1
    }
}
```

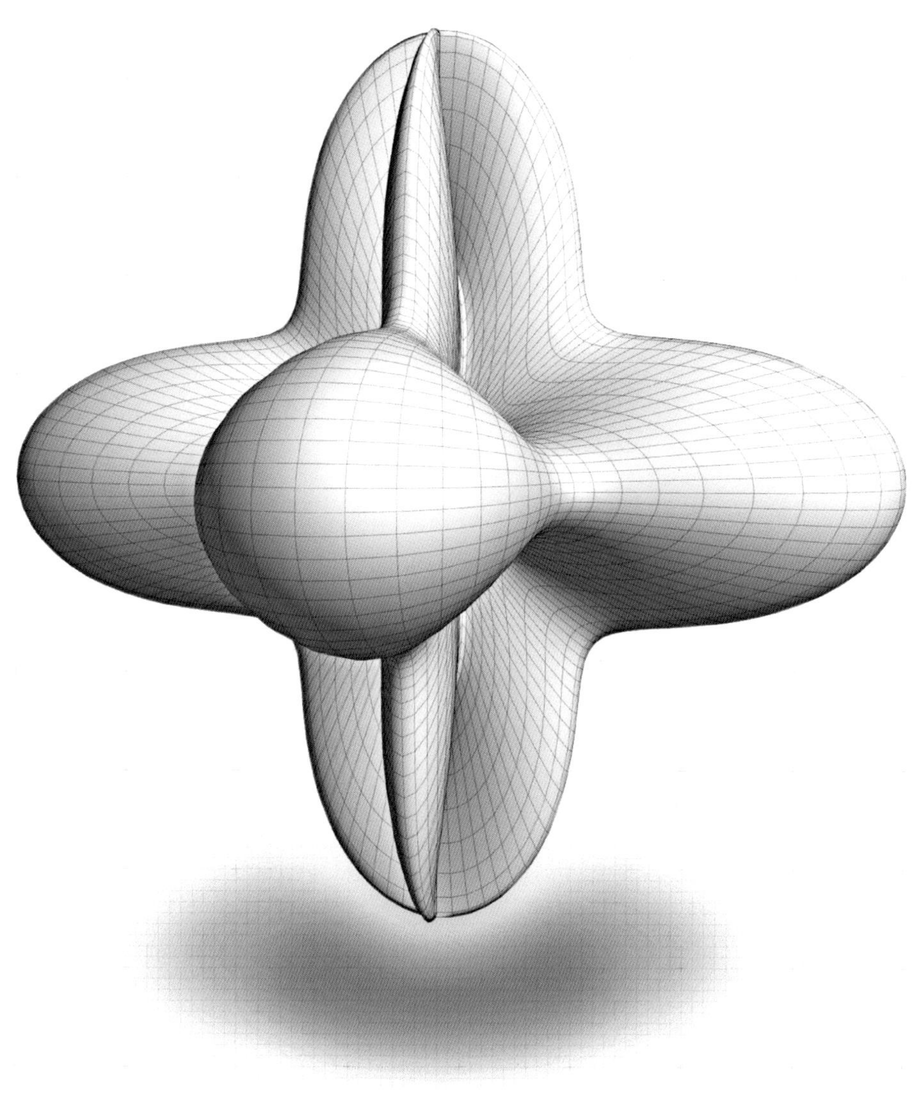

Why are we on earth?
Ausgangsbild | Source image, 2020
Screenshot

Surreale Formen aus
den Tiefen des Internets

Roland Schöny

Diese Werke kommen aus den Tiefen des Elektronischen.
Ihre Entstehung ist rückgebunden an die Prozesse digitaler
Kommunikation. Basierend auf den quotenstärksten Anfragen, die von Usern millionenfach in die Echoräume des
Internets abgeschickt und zugleich auch dort gespeichert
werden, entstehen sie per Eingabe am Computer als algorithmische Operation. Es wird auf Grundlage dieser Fragen
ein Spiel in Gang gesetzt, aus dem heraus sprachlich
determinierte Zeichenketten auf die Ebene bildlicher Strukturen übersetzt werden. Hier entfalten sich deren visuelle
Koordinaten als Grammatik des Abstrakten und Informellen.
Dabei spielt die Dynamik des Zufalls eine tragende Rolle.

In ihrem Aspekt des Unabsehbaren stehen die logisch nicht erfassbaren Formen in einem Schwingungsver-
hältnis mit den Signaturen der Avantgarde des 20. Jahrhunderts. Sie korrelieren mit der Ideenwelt des Surrealismus
und mit Herangehensweisen in der Écriture automatique,
mit jener Methode des literarischen Schreibens, die Au-
thentizität anstrebte, indem sie Formulierungen und Asso-
ziationen aus dem Unterbewussten heraus zu aktivieren
suchte. So bezog sie den Faktor des Nichtplanbaren ein.
André Breton bezeichnete diese Methode als einen Vorgang,
bei dem das Schreiben dem Denken unzensiert folgt und die
Gedanken sich wiederum fernab der Vernunft entwickeln.

Mehr als ein Jahrhundert liegen diese Thesen einer
Öffnung der Pforten zu verborgenen Sinnpotenzialen aus
der Gutenberg-Galaxis zurück. Fern vom Akt des Schreibens mit der Hand steuert Simone Carneiro nun durch
binäre Strukturen der Kommunikation. Mit den Kapazitäten
eines Computers agiert sie aus der internen Logik des
Internets heraus. Ihre Kunst ist eine maschinelle. Auch
wenn sie sich von ihrem Interesse an der Avantgarde und
vom Medium der Malerei nie ganz wegbewegt hat, agiert
sie am anderen Ende der Parabel. Denn Bezüge zu dem in
der Moderne formulierten Konzept des Unbewussten als
produktivem Faktor beizubehalten, kann heute nur die
Einbeziehung technisch-mathematischer Operationen aus
den Weiten des digitalen Zwischendecks bedeuten. Wie
schon als Phänomen in früheren Werkgruppen zu entdecken,
bildet auch diese Serie neuer Arbeiten eine Klammer zwischen Carneiros Hang zu den Strömungen der frühen

Avantgarde und ihrer eigenen forschenden Herangehensweise im Bereich digitaler Kunst. Die Homebase der Künstlerin ist als multimediales Labor angelegt.

Ihre Werkgruppe *Wasteland* basiert auf den in
endlosen Serverfarmen sich additiv zuspitzenden Fragen
zu populären Themen. Gemäß dem globalen Ranking der
Eingaben auf der Suche nach neuestem Tratsch und News-
Meldungen transformiert sie die Informationen aus dem
Modus der Sprache ins abstrakt Visuelle. Als Ausgangsmaterial verwendet sie die meistgestellten User-Anfragen an
das Internet als imaginierten Pool des Wissens und Trans-
formator von Nachrichten, nicht aber die Antworten. Sie
wären für solche Zwecke der bloßen Weiterverarbeitung
zu umfangreich. Dennoch bleibt zumindest das Wissen um
deren Existenz für das Gesamtprojekt relevant, weil sie als
Suchresultate bespielhaft die gegenwärtigen Potenziale
und den Stand der Funktionsweise des Internets generell
widerspiegeln. Der zunehmend perfektionierte Charakter
der in grammatikalisch korrekten Sätzen formulierten
Antworten macht evident, dass das World Wide Web als
ursprünglich hybride Ansammlung verstreuter Datensätze
mehr und mehr die Rolle eines selbständig mitdenkenden
Dialogpartners übernommen hat.

All die in jeder Sekunde millionenfach gestellten
Fragen beruhen nicht allein auf dem Glauben an die Ver-
lässlichkeit und Brauchbarkeit der von einer scheinbar
allwissenden Instanz zu erwartenden Antworten. Im Gegensatz zum WWW der frühen 1990er-Jahre als Infocluster,
beschaffen wie ein löchriger Bausatz, liefern Suchmaschinen als Metamedien heute informative Antwortsequenzen
in einwandfreier sprachlicher Qualität. Deshalb erfahren
zunehmend komplexer formulierte Fragen mit spezifi-
schem Fokus anstelle der ehemals lexikalischen Suche
nach singulären Begriffen eine unentwegte Konjunktur
im Online-Alltag.

Dies baut auf dem wachsenden Glauben an die
Unhintergehbarkeit der von Suchmaschinen gelieferten
Ergebnisse auf, die einen exponentiell wachsenden Kosmos
von Daten der Wissenschaft, der Geschichte, Kultur, Medizin
oder Technik durchwühlen. Viel häufiger noch liefern sie
Infopakete zum Ewiggleichen des Alltags wie Essen oder
Einkauf, transportieren Antworten auf diverse Rufe nach
Rat und Hilfe oder bringen bald wieder verglühendes Klein-
zeugs aus der weiten Welt des Glam, des Luxus und der
Moden, Sex und Entertainment in virtuelle Umlaufbahnen.
Der unaufhörliche Konsum von Infopaketen und kleinen
Dosen der Ablenkung hat sich wie selbstverständlich in

unser Verhalten eingeschlichen und wird kaum noch kritisch reflektiert.

Außer in den Debatten um algorithmische Regime der Kontrolle geriet aus dem Blickfeld, dass jede einzelne unserer Bewegungen in den Makrobereichen des Digitalen, jeder Vorgang in einer Cloud und jeglicher Prozess der Kommunikation aufgezeichnet, mitgerechnet und in Operationen weiterer Optimierung überführt wird. Unterhalb der Schwelle unserer Alltagswahrnehmung angesiedelt, ähneln solche technischen Abläufe der Wirkungsweise des Unbewussten als psychologisches Konstrukt. Während die Surrealisten dessen Kräfte für die Kunst freisetzen wollten, basieren die Werke von Simone Carneiro auf entfesselten Abläufen in der Sphäre des Digitalen. Als gesellschaftliche Begleitphänomene sind sie rückgekoppelt an die Dynamiken von Fragen und Wissenwollen.

In diesem Zusammenhang vergleicht Richard Socher, Spezialist für Computerlinguistik und Deep Learning, die Kapazitäten von Google als reaktives System umfassender Speicherung und Vernetzung mit der Funktionsweise einer anwachsenden und sich selbst optimierenden künstlichen Intelligenz. Bereits auf der Ebene des Internets und nicht erst im Rahmen eigens definierter Programme bauen Algorithmen im Zuge des maschinellen Lernens mathematische Modelle zur eigenen Weiterentwicklung auf. Was die Summe der Anfragen in Gang setzt, ist vergleichbar mit der Eingabe von Trainingsdaten zur Dynamisierung künstlicher Intelligenz. Während Anfragen anhand bestimmter Suchbegriffe sukzessive verallgemeinert und für nachfolgende Lernprozesse herangezogen werden, gleichen die mathematischen Operationen dahinter in all ihrer Diversität der Hirntätigkeit eines Weltgeists der User.

In diesem Sinn die Sphäre des Virtuellen zu durchkämmen, um nach jenen Codes zu fischen, in denen sich unser aller Befindlichkeit in Form der meistgestellten Fragen abbildet, ist wie eine Expedition in die Noosphäre. Diese Begriffsbildung drängt sich hier als Metapher und Vorstellung auf. Sie entstammt einem Buch des russisch-ukrainischen und somit sowjetischen Geochemikers Wladimir Wernadski aus den 1920er-Jahren und wurde seither immer wieder mit Thesen zum Internet in Verbindung gebracht.[1] Wernadski lehnte die Wortschöpfung an das Modell einer Biosphäre an. Damit ersetzte er die Idee von einer lebenden Schicht, welche die Erde umgibt, durch „Noos" für Geist, Seele, Gedanken und umschrieb so die „gesamte intellektuelle Aktivität der Erde: Es handelt sich um eine Art ‚kollektives Bewusstsein der Menschheit',

1. Wladimir I. Wernadski, *Biosfera*, Leningrad 1926. Englische Erstveröffentlichung: Vladimir I. Vernadsky, *The Biosphere*, Copernicus: New York 1998. Auf Deutsch erschienen: Vladimir I. Vernadskij, *Der Mensch in der Biosphäre*. Zur Naturgeschichte der Vernunft. Hg. von Wolfgang Hofkirchner. Übers. von Felix Eder und Peter Krüger. Frankfurt a. M.: Peter Lang 1997. Zum Begriff der Noosphäre vgl. auch Wernadskis Aufsatz "The Biosphere and the Noosphere". In: *American Scientist*, 33 (1945), S. 1–12.

das jede Art von Gehirntätigkeit und jeden Mechanismus zur Speicherung und Verarbeitung von Information enthält."[2]

Es ließen sich mehrere solche utopischen Ideen entlang jener Tangente der Aufbrüche und Visionen auffinden, welche die Zeitenwende zum 20. Jahrhundert prägte. Letztlich brachte auch die Kunst im Zuge der Verdichtung der Welt durch neue Kommunikations- und Transporttechnologien wie Eisenbahn, Zeitung oder Telegrafie sowie angesichts des Krieges in rascher Abfolge neue Ausdrucksformen hervor. Die Formensprache der markanten, aber dann eben doch nicht zuordenbaren Artefakte in Simone Carneiros Zyklus *Wasteland* scheint aus diesem Reservoir zu schöpfen. Selbst wenn sie als cleane Konstrukte digitalisierter Rechenoperationen von aseptischen Datenhighways kommen, weckt deren Anmutung Gedanken an die Auflehnung des Dadaismus gegen das Sinnhafte. Dass sich ein logisches, geometrisch nachvollziehbares Bezugssystem kaum erdenken lässt, macht einen Teil ihrer Faszinationskraft aus. Eine falsche Fährte könnte sich dennoch auftun. Wer nämlich meint, sich auf abgesichertem Terrain entlangtasten zu können, verheddert sich nur allzu schnell.

Allerdings finden sich auch in der Biografie der Künstlerin Spuren in diese Richtung. Rückblicke in die persönliche Geschichte führen zu ihrem Fasziniertsein von Tendenzen der klassische Moderne. Nicht nur fesselte sie die subversive Rekontextualisierung und Übertreibung allgemein bekannter Zeichensysteme als Methode der Dada-Bewegung, ebenso waren es die Brüche mit dem Raumgefüge und dem Prinzip der Abbildung im Kubismus. Solche Synthesen des Unzusammengehörigen als formale Strategie inspirierten sie schließlich in langen Clubnächten zu ihren eigenen Live Visuals, in denen Carneiro begonnen hat, aus den zittrigen Strömen apparativer Figuration hypnotische elektronische Bilder zu entfalten. In ihrer strukturellen Unberechenbarkeit, in ihrem geometrischen Ausfransen waren dies Momentaufnahmen des Unsteten, Spuren des technisch und visuell Sprunghaften. Aus Rudimenten von Störimpulsen materialisierten sich serielle Wechsel und Zerrungen. Als Substrate der Improvisation mit Bildsignalen entstanden sie durch das Einschleusen manipulativ wirkender Fehlschaltungen. Doch weniger die zuhauf präsenten Glitch-Experimente in den Visuals der Technoszene hatten sie dazu inspiriert als vielmehr die wesentlich einprägsameren Bildwelten der Moderne. An der Akademie war Simone Carneiro eingenommen von den Fotomontagen eines Kurt Schwitters oder Alexander Rodtschenkos und zugleich von den Fotogram-

2. Ewen Chardronnet, Supercomputer, alte Mythen und die Totenkulte der Noosphäre. Übers. aus dem Französischen v. Isolde Schmitt. In: *Springerin* 4/2019, 48–51.

men des László Moholy-Nagy. Im Rückblick fast logisch, entfachte sich daran ihr Enthusiasmus für Montage und Sampling elektronisch generierter Bilder.

Erst nachdem sie dieses Kapitel geschlossen hatte, vertiefte sie ihr Vorgehen durch den Fokus auf die Möglichkeiten neuer und nach vorne offener Entwicklungen im IT-Bereich. Dabei konzipiert sie ihre Arbeiten generell im Zuge forschender Annäherung. In ihren jeweils als Projekt angelegten Zyklen gilt ihr Augenmerk meist dem zufälligen und oft mangelhaft und minderwertig wirkenden Output von Medientechnologien. In diesen seriell angelegten Werkgruppen verdichten sich optische Phänomene, deren Ursprünge sich meist aus dem Kontext der frühen Videokunst herleiten. Im Zuge von Arbeitsaufenthalten am einflussreichen New Yorker Experimental Television Center 2004 und 2007 widmete sie sich den visuellen Repräsentationsformen von Brüchen im elektronischen Bild. Zwar hatte damals die Glitch-Ästhetik des Verrutschens und der Verschiebung von Informationssegmenten durch bewusst gesetzte technische Pannen ihre erste Konjunktur schon lange hinter sich. In Verbindung mit ihrem Interesse für Video und digitale Kunst aber traf Carneiro eine nachhaltig wirkende Richtungsentscheidung. Sie begann, das Moment der technischen Panne oder des Fehlers und damit auch in einem weiteren Verständnis das Unabsehbare und kaum Austarierbare als konstitutives Kriterium in ihre Arbeit zu integrieren. Als sie sich später dem 3D-Printverfahren zuwendete, interessierte sie das vom Drucker perfekt umgesetzte Objekt überhaupt nicht. Der aufkommende Mythos von der Fabrikation in Serien mit Stück für Stück haargenau gleich aussehenden Prints lag fernab ihrer Arbeitsweise als Künstlerin. Stattdessen wendete sie sich dem algorithmisch erzeugten Abjekt[3] zu, jener Form der maschinellen Ausscheidung, die als High-Tech-Abfall für die Verwertungszusammenhänge der Industrie wertlos geworden ist.

Als Schizo in der Parallelwelt zu ihrer Tätigkeit als professionelle Medienproducerin bildete sie die Matrix für ihre künstlerische Arbeit mit den selben Werkzeugen der Medientechnologie. Noch pointierter als im Leben Simone Carneiros präsent, haben bereits Gilles Deleuze und Félix Guattari im *Anti-Ödipus*[4] den Gegensatz zwischen gesellschaftlicher Produktion und der Position der Kunst als Transferstelle zwischen Repression und freier Wunschproduktion markiert. Hier liegt ein bedeutendes Moment der Kritik an den patriarchal-kapitalistischen Verhältnissen. In die heutige Realität übertragen, würde

3. Vgl. Julia Kristeva, *Pouvoirs de l'horreur. Essai sur l'abjection.* Paris: Seuil 1980.

4. Gilles Deleuze, Félix Guattari, *Anti-Ödipus. Kapitalismus und Schizophrenie I.* Übers. aus dem aus dem Französischen v. Bernd Schwibs. Frankfurt a. M. 1974 (franz. Orig. 1972).

dies bedeuten, den Eingabemodus am Computer in dessen
ursprünglicher Funktion als Teil einer Befehlsstruktur zur
Produktion radikal umzucodieren. Denn die Triebkräfte der
Libido als Bewegung des Begehrens und die Phantasmen
der Kunst können Gegenbesetzungen vornehmen. Das
Regime der Algorithmen wird unterlaufen und Funktions-
weisen des Digitalen können der künstlerisch getriebenen
Wunschproduktion überantwortet werden.

     Das Konzept der technischen und algorithmisch
getriebenen Maschine ist zwar auf ein störungsfreies Laufen angelegt. Aber die Wunschmaschinen zur Freisetzung
von Energien in der Kunst können darauf ausgerichtet
sein, den projektierten Funktionsablauf zu stören und die
Richtung der Codierung zu ändern. Indem sie als gestörte
laufen, kippen sie das Regime des Realen. Das Gegenläu-
fige, das Unvollständige, der Zufall fungieren in der Kunst
als Dynamik der Produktion. Das gesellschaftlich Dys-
funktionale und die Antiproduktion werden codiert als pro-
duktiver Faktor: „Der Künstler ist der Meister der Objekte;
er integriert seiner Kunst zerbrochene, angebrannte, zer-
störte Objekte, um sie dem Regime der Wunschmaschinen,
in dem die Störung zum Funktionieren selbst gehört, zu
überantworten, er präsentiert paranoische, zölibatäre und
Wundermaschinen, als wären es technische Maschinen, ist
immer bereit, diese mit Wunschmaschinen zu unterminie-
ren"[5], schrieben Deleuze und Guattari, als noch gar nicht
absehbar war, in welcher Dichte das Digitale als Instrument
der Herrschaft den Erdball überziehen würde. Sie plädier-
ten dafür, im Strom der Wünsche andere Objekte oder
Zeichensysteme zu erzeugen als die im Alltag gewohnten,
nämlich künstlerische Zeichen zu setzen. Aus heutiger
Sicht würde das bedeuten, Medien, digitale oder algorithmische Operationen als Maschinen umzufunktionieren, die
im Sinne der Kunst funktionieren. Die Kunst selbst aber
kann noch weitergehen, indem sie selbst die Anti-Produk-
tion als Produktion codiert. Im Kontext der Kunst kann die
Destruktion Produktion sein. Das Unförmige, unter dem
Paradigma des Kapitalismus und früher unter der Logik
der Planwirtschaft Unbrauchbare kann in der Kunst
Konturen annehmen als Abjekt.

     Noch vom Modus der Glitch-Ästhetik geprägt,
galt die Aufmerksamkeit der Künstlerin im 3D-Printverfah-
ren daher den ästhetischen Qualitäten singulärer Objekte
von signifikanter Individualität. Aus einer streng durchfor-
matierten Produktionslinie wären sie gewöhnlich abgeson-
dert worden. Abseits vom ursprünglich intendierten
Aussehen aber waren unerwartet Gebilde entstanden,

5.   Ebd., S. 42.

deren Faszinationskraft sich plötzlich auf einer anderen Ebene manifestierte. Sie glichen vereinzelten Fossilien oder Meerestierchen, sahen aus wie zerfranste textile Teilchen oder eben wie Schwemmgut aus der technifizierten Welt. Die flirrend fragilen Artefakte aus dem stotternden Printer hatte Carneiro dann auf ihre Tauglichkeit für die anschließende Verwendung in weiteren bildgebenden Verfahren sondiert und taxonometrisch geordnet. Die Transformation in die Fotografie per Smartphone sowie die nachfolgende Übertragung der Sujets in eine Werkgruppe von Lithografien wirkt aus heutiger Perspektive wie eine Vorstufe zum Zyklus *Wasteland*. Häufig beruhen solche Arbeiten in der prozessualen Konzeption der Künstlerin auf Formen der Übersetzung aus dem Feld der einstmals Neuen Medien zurück in klassische, analoge Bildformate. Es verdichteten sich darin anfangs optische Phänomene aus der experimentellen Videokunst und – nun immer mehr – Parameter digitaler Kommunikation und algorithmisch basierter Produktionsweisen. Letztlich verschneidet Simone Carneiro mehrere Techniken aus unterschiedlichen Phasen der Geschichte. Sofern im Bereich der Gegenwartskunst überhaupt etwas überraschen oder ungewöhnlich wirken kann, wäre das hier die Anmutung von Kohlezeichnungen oder Grafiken in Werken einer codebasiert und digital arbeitenden Medienkünstlerin.

 Gewiss hat es sich in den letzten Jahrzehnten eingeschliffen, solche Verfahren mit dem Label des Postdigitalen zu versehen. Doch unterbrochen von kurzen Phasen in New York zwischen Israel, Brasilien und Österreich lebend, changierte Carneiro bereits früh zwischen mehreren Identitäten und Sprachen. Ebenso war ihre institutionelle Ausbildung als Künstlerin geprägt von einem Nebeneinander unterschiedlicher medialer Repräsentationsformen. Erst aus der Vogelperspektive der Gegenwart sehen wir, wie häufig diese Komponente der Gleichzeitigkeit bereits in der Geschichte anzutreffen ist; im Kontext der Strömungen des Futurismus oder des Dadaismus genauso wie in der Ideenwelt des László Moholy-Nagy.

 Vielleicht der mentalen Nähe der Künstlerin zur frühen Avantgarde zuzuschreiben, wirken die Blätter aus dem Zyklus *Wasteland* nach all den Prozessen der Postproduktion, als würden sie an vergangene Traditionen anknüpfen. Linienführungen und Kontraste in manchen der schwarz-weißen Blätter erscheinen wie ein Rückgriff auf die Technik der Frottage, die noch ein Max Ernst wiederentdeckt und angewendet hat.[6] Bei diesem Verfahren

6. Eine Kassette mit solchen Arbeiten befindet sich im MOMA in New York. Online: https://www. moma. org/collection/ works/10056.

werden bestehende Oberflächenstrukturen gefundener
Objekte, wie Baumrinden, Holzplanken oder Gesteinsfunde,
mithilfe von Kohle- oder Bleistiften auf die jeweiligen
Bildträger – vor allem Papier – durchgedrückt. Solche
Spuren des Abriebs eigneten sich auch als Unterzeichnung
für Malereien oder wurden in Zeichnungen verwendet.
Auf ähnliche Weise suchten die Protagonisten der damals
neuen Tendenzen in der Kunst nach Methoden, um flüchti-
ge Geschehnisse aus dem Traum und anderen Schneisen
zu den tieferen Schichten des Unbewussten ins Visuelle
zu übertragen. Wie in der Écriture automatique suchte
der Surrealismus nach Möglichkeiten, das Rationale
zu überwinden.

     In dieser Ähnlichkeit der Oberflächen liegt auch
der Unterschied. Die historische Avantgarde in ihrem
Hang zur Abstraktion und dem Streben, sich von einem
psychischen Automatismus treiben zu lassen, agierte
gestisch impulsiv. Wo sie sich neuer Techniken und
Methoden bediente, waren diese auf Handarbeit gestützt.
Im Gegensatz dazu sind die Arbeiten von Simone Carneiro
aus rechnerischen Mustern herausgebildet und mathe-
matisch strukturiert. Aus ihrem Kern heraus übersetzt die
Künstlerin sie in mehrere Aggregatzustände.

     Als transmediales Konzept treffen künstlerisches
Forschen und angewandte IT-Technologie zusammen. Dazu
integriert Simone Carneiro das sprachliche Rohmaterial
wie Fundstücke oder Readymades in ihren Arbeitsprozess.
Nicht zu verwechseln sind dabei das Zufällige und Unabsehbare als Teil des Konzepts mit der Genauigkeit und
Professionalität im Prozess der Finalisierung. Durch Be-
arbeitung der Daten mit einem von der Künstlerin selbst
geschriebenen Programm werden sie in unterschiedliche
Formate überführt. Nach jenem Prinzip, nach dem Grafik-
programme zum Klingen gebracht werden oder Sound am
Computer automatisch mit einer visuellen Oberfläche ver-
bunden ist, arbeitet die Künstlerin mit kodierter Information, um jeweils aus einem einzigen Bausatz zu mehreren
unterschiedlichen Formen der Repräsentation vorzudrin-
gen. Naturgemäß lassen diese sich nicht alle zwischen
zwei Buchdeckel pressen. Denn Carneiro schafft nicht
nur digitale Zeichnungen, sondern gleichzeitig, auf
Grundlage derselben Daten, Lithografien, 3D-Prints in
Form von Objekten und auch eine Auswahl von 3D-Anima-
tionen, die sich wiederum als kryptografische Token (NFT)
mit der Eigenschaft unteilbarer Unikate manifestieren. Do-
kumentiert ist der in sich abgeschlossene Zyklus nun in der
vorliegenden Publikation.

Vor dem Hintergrund der Gleichzeitigkeit unterschiedlicher Medien als Schlüsselphänomen unserer Kultur verknüpft die Künstlerin also mehrere divergierende Arbeitsweisen. Auf dem Weg zu den grafischen Sujets für ihre Lithografien hält sie für *Wasteland* aus sprachlichen Codes algorithmisch strukturierte Zeichnungen zunächst per Screenshot fest. Dem folgt ein Prozess der Nachbearbeitung und Adjustierung in den Feinbereichen per Photoshop. Dann nutzt sie – nicht anders als in den klassischen Verfahren des Flachdrucks – die Abstoßreaktion zwischen Öl und Wasser, wenn sie die Sujets mittels Fotoemulsion zur Vorbereitung des Drucks auf einen Lithostein aufträgt. Insbesondere bewirkt eine spezifische Kombination aus Wasser und Öl die Umsetzung der Kontraste und Abstufungen auf dem Druckbildträger. In sensibler Handarbeit werden die Motive schließlich mit der Kraft der Lithopresse auf Bögen aus Büttenpapier übertragen.

In der Abfolge der einzelnen Schritte ähnlich, technologisch aber in einem anderen Bereich angesiedelt, sind die 3D-Prints. Das computergesteuerte maschinelle Fertigungsverfahren, das sich zur Umsetzung der Objekte mit ihrem speziellen geometrischen Komplexitätsgrad besonders eignet, funktioniert additiv. Dabei erfolgt der Schicht für Schicht gebildete Aufbau aus einem verflüssigten und sofort härtenden Werkstoff nach vorher berechneten Maßen. Insgesamt verlaufen die Prozesse innerhalb der Koordinaten digitaler Produktion, wenn die Künstlerin Files aus dem ursprünglich sprachbasierten Code am Bildschirm modelliert und im STL-Format[7] exportiert. In die greifbare Realität als körperhaftes Objekt übersetzt wird das virtuelle Werkstück dann im SLA-Druckverfahren[8], das gewöhnlich der Materialisierung von Festkörpern dient und Oberflächen über Annäherungswerte aus Polygonen zusammensetzt. Aus einem ähnlich aufgebauten Transformationsprozess entstehen die 3D-Animationen als bildliche Konstrukte. Nach dem Auftrag virtueller Texturen und dem Hinzufügen eines Anscheins von Licht suggerieren sie einen geradezu körperhaften Realismus.

Irritierend wirken könnte also, mit welcher Nonchalance Simone Carneiro die Genauigkeit in ihrer künstlerischen Praxis mit der Bezugnahme auf die geradezu beliebige Wechselhaftigkeit von Alltagsphänomenen konzeptuell verbindet. Auf der Grundlage von Eckdaten, deren Trivialität sich kaum noch überbieten lässt, erstrebt sie ein Höchstmaß formaler Präzision. Gemäß den Konjunkturschwankungen in den Communitys der Internetuser treiben die als Material fungierenden Fragen außerdem von Beginn

7. Das Akronym STL steht für „Stereolithography Language", „Standard Triangle Language" oder „Standard Tessellation Language".

8. SLA = Stereolithography Apparatus.

an wie flottierende Funken ihrem Verzischen entgegen.
In ihrer visuellen Übersetzung abstrakter Kommunikations-
prozesse lassen sich die von Simone Carneiro digital
generierten Grafiken auch nicht derart plakativ kommu-
nizieren wie beispielsweise die signifikanten Brillo-Boxen
eines Andy Warhol, obwohl sich beide Zugangsformen auf
Pop-Phänomene des Alltags zurückführen lassen. Hinzu
kommt, dass die millionenfach auf Datenhighways dahin-
treibenden Fragen nicht als Bestandteil des Bildzusam-
menhangs fungieren, sondern lediglich als Werktitel mit
Verweischarakter auftreten.

Allerdings bildet sich daraus ein künstliches
Ordnungssystem, auf dessen Grundlage abstrakte Form,
verbaler Ausdruck und Prozesse digitaler Kommunikation in
einem gemeinsamen Referenzrahmen auftreten. Wie in der
Vorstellung von einer Noosphäre spiegeln sich in den titel-
gebenden Fragen digital verdichtete Bewusstseinsströme.
Während Andy Warhol noch Bilder aus der Werbung und
den Medien als Ikonen des Populären in den Kontext der
Kunst übertrug, ist es hier die bildlich abstrakte Übersetzung von Kommunikationsprozessen, die ebenfalls als Teil
einer globalen Populärkultur auftreten.

Diese Konzentrate des Tagtäglichen beziehen sich
etwa auf den vielversprechenden Markt der Kryptowährun-
gen. Vielleicht liegt hier ein Rettungsanker in einer wan-
kenden Welt, deren Grundfesten von Krieg und Pandemie
destabilisiert sind. Allmählich flackert auch als Erinnerung
auf, dass wir nur wenige Millimeter vor der Unumkehrbarkeit
des Klimawandels stehen. Wie seltsam doch, dass ausge-
rechnet der Kunstmarkt weiterhin stabil wirkt, während
Maßnahmen zur Beendigung des Armutszyklus fortwährend
diskutiert, aber kaum ergriffen werden. Allerhöchstens mit
Methoden der Sozialwissenschaft ließen sich hinter der
Wahl der Themen Ansätze einer Systematik ausmachen.
Geistig in ein Naheverhältnis gebracht und wie ein zusam-
mengehöriger Text gelesen, wirken die lakonischen Fragen
gar nicht so sehr wie vereinsamt dahintreibende Monaden
im Weltenraum der Worte. Sie erinnern vielmehr an Perio-
dika wie den populären *Atlas der Globalisierung* aus dem
Verlag Le Monde diplomatique und dessen Versuch, regel-
mäßig Themen zu sondieren, um weltweite Entwicklungen
mit statistischem Zahlenmaterial zu kartografieren. Das
Zahlenmaterial ist gespickt mit dem persönlichen, existen-
ziell wirkenden Befragen des postkapitalistischen Selbst,
das unentwegt dazu angehalten ist, sich und sein Leben
flexibel zu optimieren. Daher lösen "Am I beautiful?" oder
"How to become famous?" beinahe ein Frösteln aus. Darin

spiegeln sich die digital abgestützten Prozesse unentwegter
Kontrolle des eigenen Auftretens, während Ausgangspunkt
und Motiv dieses Sprechens komplett ungreifbar bleiben.

An welche Instanzen sind die Fragen adressiert?
Wo bleiben die Antworten? Im dritten Jahrzehnt unseres
Jahrhunderts ist unsere Wahrnehmung determiniert durch
Inzidenzwerte und statistische Prognosen. Wir haben ge-
lernt, die Realität nach auf- und absteigenden Taxonomien
zu beurteilen. Wir abstrahieren in Hierarchien und Klassen
von Ähnlichkeiten. Was zählt, sind Baumstrukturen und
Clusterbildungen. Wetter, Klima, Abgase oder Krankheiten
werden so dargestellt. Daraus ergeben sich letztlich Rang-
ordnungen je nach Bedeutung, aktueller Relevanz oder
Stimmungslage. Vielleicht stellt sich die Frage "Can we go
to heaven with tattoos?" bald nicht mehr, weil die lockende
Zone des Himmlischen wegen Personalmangels nicht mehr
betrieben werden kann. Dafür bewegen sich vielleicht
Themen rund um die Legitimität der Sterbehilfe in Richtung Poleposition.

Nicht so pathetisch aufgeladen wie im Konzept
der Noosphäre könnte im Grunde jegliches Bezugssystem
einen momentanen Ist-Zustand festhalten. Globale Tempe-
raturwerte, neueste Listenplätze aus der Welt des Sports
oder eine typische Pop-Hitparade. Tatsächlich arbeiteten
Mike Kelley, Anita Pace und Stephen Prina in der Choreo-
grafie ihrer Performance für Tanz, Drumming und Text *Beat
of the Traps*[9], 1992, nach diesem Prinzip. Dabei verwende-
ten sie den jeweils aktuellen Number-one-Hit der Billboard
Hot 100 als Grundlage. Dadurch vermittelten ihre Aufführungen einen fingierten Charakter von Aktualität. Nach
einem bestimmten System wurden jeweils beide Seiten der
Number-one-Single live on stage gespielt. Welcher Titel,
war zum Zeitpunkt der Planung selbst den Künstlern noch
unbekannt. So oder so knüpften die Aufführungen an Hits
an, denen zu diesem Zeitpunkt die größtmögliche Aufmerksamkeit zukam.

Während die öffentliche Nutzung des Internets
damals noch fast unmerklich anlief, bezog sich dieses Konzept auf die wöchentlich jeweils neu kolportierten musikalischen Highlights per Radio als Massenkommunikations-
mittel. In vergleichbarer Form bezieht nun Simone Carneiro
das in der Online-Gesellschaft mittlerweile omnipräsente
Internet als Massenmedium ein, wo sich Quoten als Neben-
produkt der algorithmischen Greifbewegungen der als
Metamedien strukturierten Suchmaschinen manifestieren.
Je nach Datengattung erstellen diese jeweils einen Index
von Merkmalen zur digitalen Identifikation der unterschied-

9. *Beat of the Traps*,
Performance von
Mike Kelley,
Anita Pace and
Stephen Prina im
Rahmen von
Expanded Art I, Wiener
Festwochen 1992
und Gindi Auditorium,
Los Angeles 1992.
Idee und Konzept
von Cathrin Pichler.
Siehe Programmheft.

lichen Themen, um nahezu in Echtzeit eine global ermittelte
Reihung von Interessen, Themen, Personen oder Images
zu liefern. Ähnlich wie in der Hitparade mit ihrer kulturellen
Newsletterfunktion spielen hier Faktoren wie soziografische
Stimmungslagen, Veränderungen in den Geschmacksland-
schaften und Konjunkturen von Interessen eine Rolle im
Zuge der inhaltlichen Verschiebungen und somit der Abfol-
ge der Ränge.

Was wirkt wie das Ergebnis eines Würfelspiels,
basiert auf einer offenen Struktur mit einem ähnlichen Kern.
Denn welches Ergebnis die Würfel bringen, lässt sich nicht
voraussehen. Die aus sechs Zahlen auf jeweils gleich be-
messenen Flächen bestehende Basis der Operation im
Spiel des Zufalls bleibt hingegen immer die gleiche. Sogar
das von der Künstlerin in ihrem Selbstinterview ins Treffen
geführte Bleigießen, das heute mit Zinn als Werkstoff
seine vielfältig interpretierbaren und oft bizarren Formen
wie Orakel hervorbringt, geht innerhalb eines Systems
gleichbleibender Rahmenbedingungen vonstatten. Nicht
nur wird ein Werkstück von jeweils gleichbleibender Größe
verwendet. Auch Technik und Ablauf zwischen Erhitzung
und plötzlicher Abkühlung der verflüssigten Materie
bleiben stets gleich.

Beginnend im Denken der Spätrenaissance, etwa
mit dem *Buch der Glücksspiele (Liber de Ludo Alea)* von
Gerolamo Cardano (von Mailand) oder den mathematisch-
philosophischen Untersuchungen des Jakob Bernoulli[10],
nimmt der Zufall insbesondere in der Avantgardekunst
des 20. Jahrhunderts eine signifikante Stellung ein.
Angesichts der vielen bedeutenden Ideen des malereiab-
stinenten Marcel Duchamp, der traditionelle Vorgangswei-
sen in der künstlerischen Produktion radikal hinterfragte,
könnte nur allzu leicht übersehen werden, dass auch
er als Großmeister des Readymade nach Prinzipien
vorging, wie sie später durch die Hitparade vorgegeben
wurden. Als Duchamp das Objet trouvé, das aufgefundene
Objekt – ein Fahrrad-Rad (*Roue de Bicyclette / Bicycle
Wheel*, 1913), einen Flaschentrockner (*Bottle Rack*, 1914)
oder ein Urinal (*Fountain*, 1917) – als Readymade in den
Kunstraum holte, wählte er möglichst weit verbreitete,
leicht wiedererkennbare Objekte aus der industriellen
Massenproduktion aus. Auch wenn diese nun ironischer-
weise untrennbar mit der Figur Duchamp in Verbindung
gebracht werden, wollte dieser ursprünglich die Vorstellung von der Figur eines Genies in der Kunst unterlaufen,
indem er alles Persönliche eliminierte. Ausschlaggebend
für seine Auswahl waren in erster Linie der Grad der

10. Jakob Bernoulli,
    Ars Conjectandi, 1713.

Verbreitung und die Wiedererkennbarkeit als Teil indust-
rieller Massenproduktion.

Visuell nur wenig aufregend, als Laborsituation
für den weiteren Verlauf der bildenden Kunst jedoch umso
bedeutender, experimentierte Marcel Duchamp 1914 aktiv
mit dem Zufall als Prinzip, indem er – geradezu trivial –
drei horizontal gehaltene Fäden aus einem Meter Höhe zu
Boden fallen ließ. Die später so genannten *3 Stoppages
étalon* fixierte er mit Firnis, wodurch das Ergebnis dieses
performativen Akts der Bildgebung als „Gründungswerk
einer Ästhetik des Zufalls"[11] erhalten blieb. Obwohl ästhe-
tisch noch mehr am Abbild und an der Darstellung inter-
essiert, arbeitete auch Max Ernst in seinen Frottagen und
Bildkonzepten des Farbabklatsches, den Décalcomanien,
mit dem Zufall als Komponente des Unabsehbaren.
Hingegen nahmen Niki de Saint Phalle und Yves Klein
Ergebnisse des Zufalls zum Ausgangsmaterial für die
weitere künstlerische Arbeit. Die Dimension des Zufalls
ist hier bloß eine Zwischenstation in einem umfangreiche-
ren Prozess.

John Cage, der mit Marcel Duchamp persönlich
und inhaltlich im Dialog stand und durch seine Ausein-
andersetzung mit dem chinesischen *I-Ging*, dem *Buch
der Wandlungen*, zugleich ein gesteigertes Interesse für
fernöstliche Philosophie entwickelte, verlieh der Idee des
Zufalls auf der Ebene von Sound und im Kontext zeitge-
nössischer Musik neue Triebkraft. Obwohl aus heutiger
Sicht in der musikalischen Avantgarde positioniert wie
kaum andere, formulierte auch er den Anachronismus des
singulären künstlerischen Genies als eine seiner Leitideen.
Schon in den 1950er-Jahren baute er Zufallsoperationen in
seine Kompositionen ein. In seinem *Concerto for Prepared
Piano and Chamber Orchestra* (1951) beruhte der Einsatz
von Orchesterstimmen unter anderem auf Losentscheidun-
gen durch das *I Ging* sowie auch auf Münzwürfen. Speziell
aus dem Œuvre von Cage ließe sich eine breite Genealogie
von Techniken des angewandten Zufalls destillieren. Hinzu
kommt dessen zenbuddhistische Einstellung, der zufolge
die Töne und Klänge zu ihm kommen und nicht seinen
eigenen Ordnungsvorstellungen unterworfen werden. Im
berühmten Stück *4'33''* fließt all dies zusammen, wobei
Cage hier zwischen „Chance" als Zufall und „Indeterminacy"
als Unbestimmtheit unterschieden hat. Etwa wäre die
Anzahl der Instrumente frei wählbar und somit zufällig, die
sogenannten nichtintentionalen akustischen Ereignisse,
wie das plötzliche Hüsteln aus dem Saal, wären dem
Unabsehbaren, Unberechenbaren zuzuordnen.[12]

11. Herbert Molderings,
*Kunst als Experiment.
Marcel Duchamps
„3 Kunststopf-
Normalmaße".*
München, Berlin:
Deutscher
Kunstverlag 2006.

12. Vgl. Holger Schulze,
*Das aleatorische
Spiel. Erkundung
und Anwendung der
nichtintentionalen
Werkgenese im
20. Jahrhundert.*
München: Fink 2000.
(Zugl. Erlangen-
Nürnberg, Univ., Diss.,
1998).

Maßgeblich bleibt dabei stets eine scharf gezogene Demarkationslinie zwischen dem bewusst eingesetzten Zufall als offener Methode und der ästhetischen Willkür. Die Dimension des Unabsehbaren konzeptuell einzubeziehen, bedeutet nicht, auf das Terrain des Beliebigen überzuwechseln. Auch wenn die Künstlerin das Prinzip der Aleatorik als experimentelles ästhetisches Feld aufgreift, behält sie ihre Rolle als Autorin. Sie selbst steckt die Rahmenkoordinaten für ihr Aktionsfeld ab. Doch im Gegensatz zur klassischen Avantgarde des 20. Jahrhunderts erstrebt Simone Carneiro keine konzeptuelle Partitur, sondern generiert im Verlauf eines algorithmisch basierten Verfahrens digitale Werkstücke.

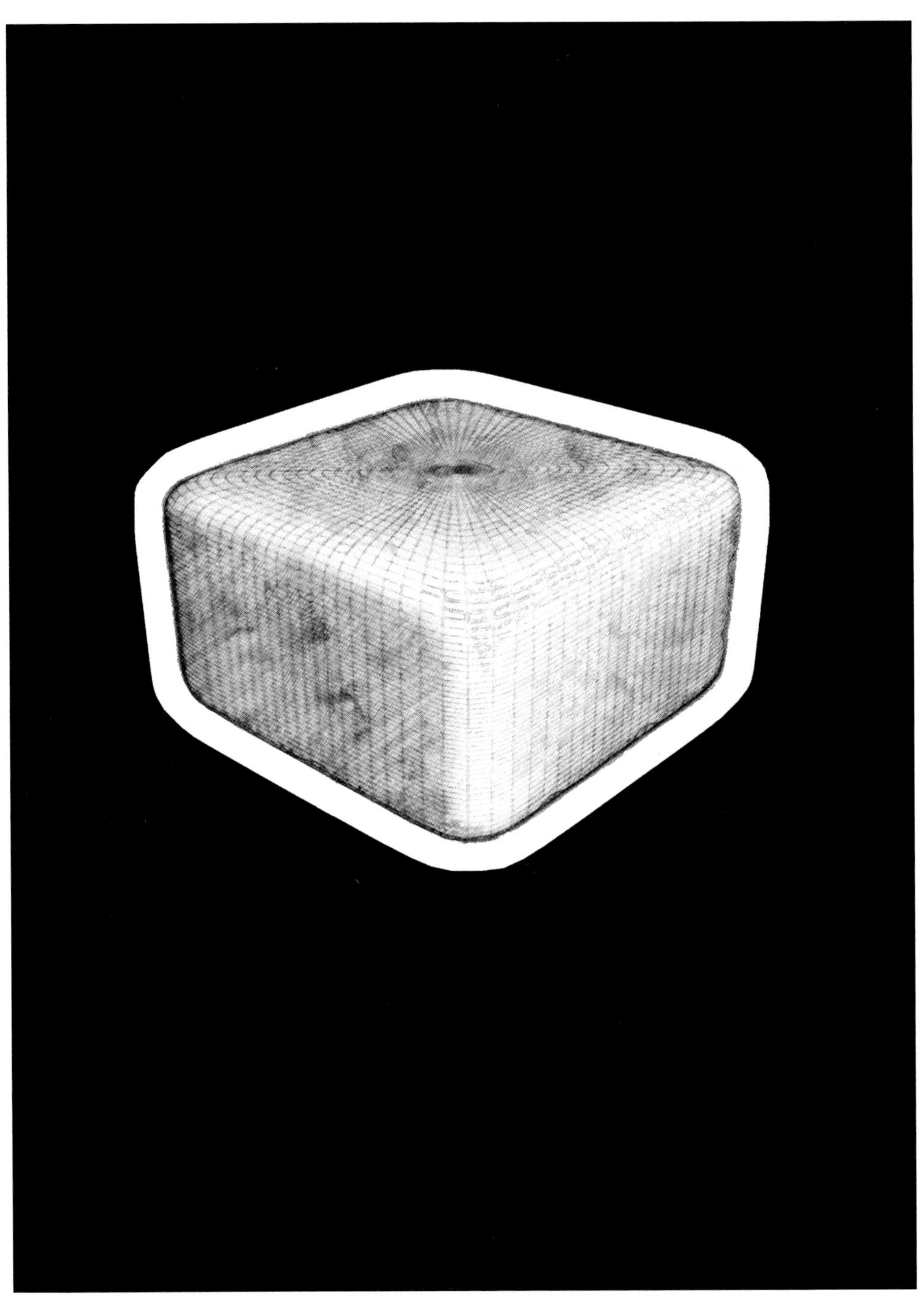

When is black Friday?
Digitale Zeichnung | Digital drawing, 2021
3508 x 2480 px

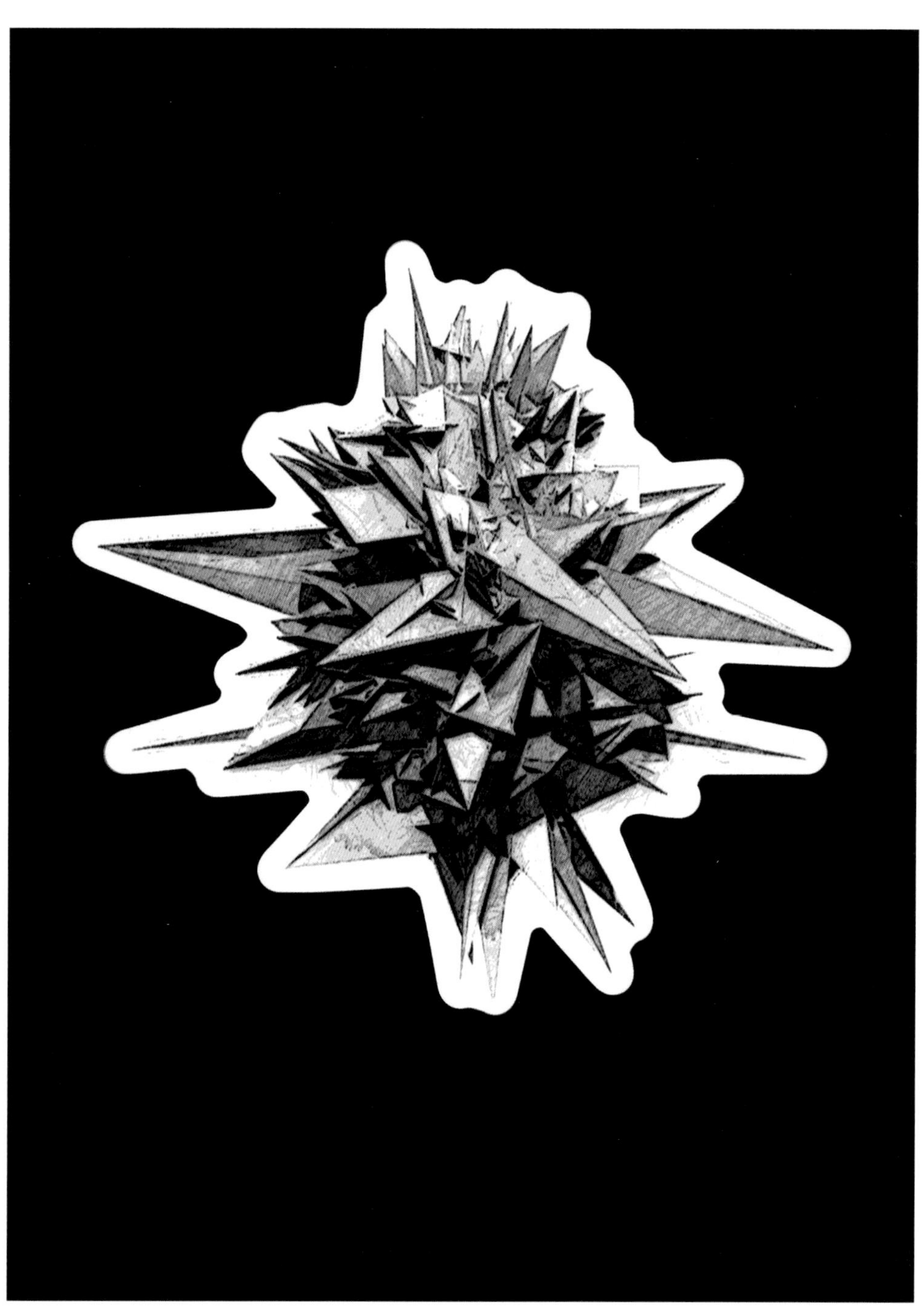

Can we go to heaven with tattoos?
Digitale Zeichnung | Digital drawing, 2021
3508 x 2480 px

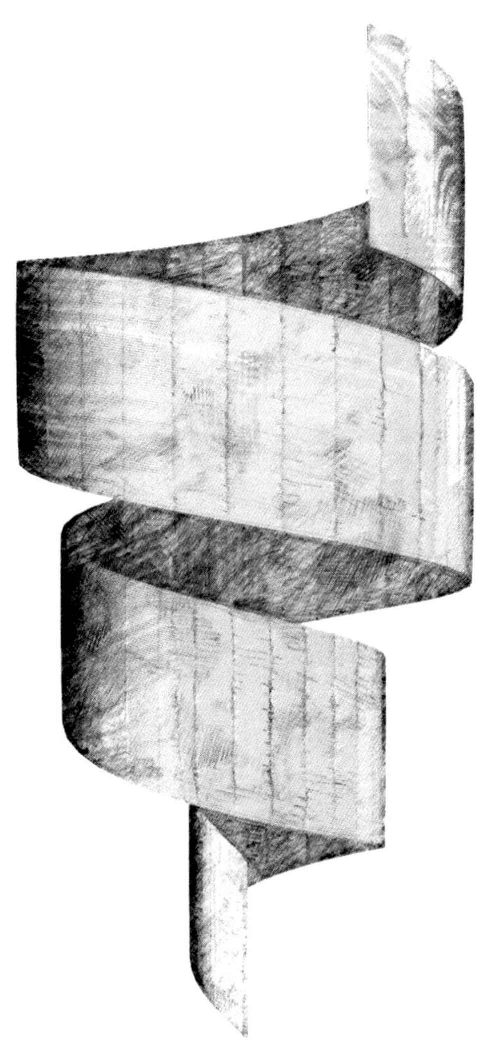

When will climate change be irreversible?
Digitale Zeichnung | Digital drawing, 2021
3508 x 2480 px

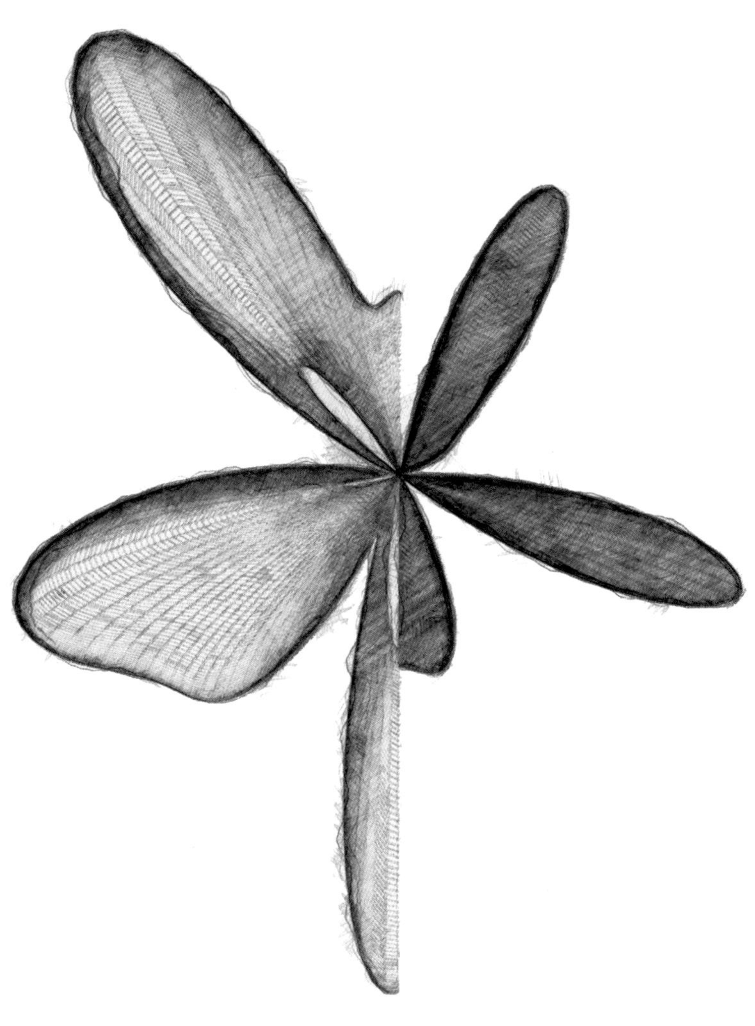

How to invest in cryptocurrency?
Digitale Zeichnung | Digital drawing, 2021
3508 x 2480 px

Surreal Forms from the Depths of the Internet

Roland Schöny

These works hail from the depths of the electronic realm. Their origination is tied back to the processes of digital communication. Based on the top-ranking searches dispatched by users in their millions into the echo spaces of the internet, where they are also stored, the works are generated as an algorithmic operation through computer input. These questions are taken as the basis to initiate a game from which linguistically determined strings are translated to the level of pictorial structures. Here we see their visual coordinates unfold as grammar of the abstract and informal. The dynamics of randomness play a pivotal role in this process.

Having the aspect of the unforeseeable, the logic-defying forms resonate with the signatures of the twentieth-century avant-garde. They correlate with the world of ideas of Surrealism and with approaches in "écriture automatique", a method of literary writing that sought to achieve authenticity by attempting to activate formulations and associations from out of the subconscious, thus incorporating the element of the unplannable. André Breton described this method as a process in which writing follows uncensored thinking and thoughts develop beyond the constraints of reason.

More than a century has passed since these theses were proposed with regard to opening the doors to hidden potentials of meaning from the *Gutenberg Galaxy*. Far removed from the act of writing by hand, Simone Carneiro now steers her way through binary structures of communication. Drawing on the capabilities of a computer, she operates from within the internal logic of the internet. Her art is a machine-based one. Even if she has never wholly veered away from her interest in the avant-garde and the medium of painting, she operates at the other end of the parabola. In order to preserve links to the concept of the unconscious as a productive factor, as in modernism, this can only mean incorporating technical, mathematical operations from the vast expanse of the digital tween deck. A phenomenon already observed in earlier bodies of work, this series also ties together Carneiro's penchant for the movements of the early avant-garde and her own inquiring approach in the sphere of digital art. The artist's home base takes the form of a multimedia laboratory.

Her body of work *Wasteland* is based on questions about popular topics that are cumulatively amassing on endless server farms. According to the global ranking of inputs in search of gossip and news stories, she transforms the information from the mode of language into an abstract visual form. Her raw material consists of the top user searches sent to the internet, as an imaginary pool of knowledge and a transformer of messages, but not the answers. They would be too extensive for such purposes of mere processing. The knowledge of their existence is nevertheless still of relevance for the overall project because, as search results, they generally reflect and exemplify the current potentials of the internet and its mode of functioning. The increasingly perfected nature of the answers, worded in grammatically proper sentences, makes it evident that the World Wide Web, originally a hybrid accumulation of scattered records, has increasingly assumed the role of an independently thinking interlocutor.

All the millions of questions that get asked every second are not just based on people's confidence in the reliability and usefulness of the answers to be expected. Unlike the WWW of the early 1990s, a cluster of information that took the form of an incomplete set of data, today's search engines are meta-media that produce perfectly worded and informative answer sequences. That is why increasingly complex search queries focusing on a specific aspect continue to boom in our everyday online activities, as opposed to the one-time lexical search for single keywords.

This all builds on a growing confidence in the incontrovertibility of the results produced by search engines as they crawl through an exponentially expanding universe of data from the fields of science, history, culture, medicine or technology. Far more often, however, they return parcels of information concerning the perennial topics of everyday life - such as food, shopping, furnishing, answers to various calls for advice and help, or launching soon-to-fade trivia from the wide world of glam luxury, fashion, sex and entertainment - into virtual orbits. The incessant consumption of parcels of information and mini-doses of diversion has crept into our behaviour almost as a matter of course and now mostly goes critically unquestioned.

Except for in debates on algorithmic regimes of surveillance, we have lost sight of the fact that every single movement we make in the digital macrosphere, every operation on the cloud and every communication process is recorded, counted and incorporated into operations of further optimisation. Operating below the radar of our everyday perception, technical processes of this kind resemble the way in which the unconscious functions as a psychological construct. Whereas the Surrealists sought to release its energies for the purpose of art, Simone Carneiro's works are based on processes unleashed in the digital sphere. As attendant social phenomena, they are tied back to the dynamics of questions and the thirst for knowledge.

In this context, Richard Socher, a specialist for computer linguistics and deep learning, likens the capabilities of Google as a reactive system of mass storage and networking to the manner of functioning of a growing, self-optimising artificial intelligence. Beyond pre-defined programming and in pursuit of machine learning, algorithms are already building mathematical models for their own further development on the internet. What gives rise to the sum of queries can be compared to inputting training data in order to advance artificial intelligence. Whereas queries based on specific search terms are becoming successively generalised and used for subsequent learning processes, the underlying mathematical operations in all their diversity resemble the brain activity of a world-mind of users.

In this sense, trawling the virtual sphere to fish for codes which represent the sum total of our state of being in the form of the most frequently asked questions, is akin to an expedition to the noosphere. This concept suggests itself as a metaphor and as an idea in this context. Going back to a book by Russian-Ukrainian, Soviet geochemist Vladimir Vernadsky from the 1920s, it has since been associated with various theories of the internet[1]. Vernadsky based the neologism on the model of a biosphere. He thus replaced the idea of a stratum of life around Earth with 'noos', meaning mind, soul, and thoughts, so as to describe "all intellectual activity on Earth. Reference is made to a 'collective human consciousness' comprising all kinds of brain activity and all mechanisms for storing and processing information."[2]

A number of utopian ideas can be identified along the tangent of new departures and visions that marked the dawning of the twentieth century. In the course of the compression of the world brought about by new communication and transport technologies, such as railways, newspapers or telegraphy, along with the cynicism of war, art too eventually gave birth to new forms of expression in rapid succession. The formal idiom of the distinctive, if ultimately unclassifiable, artefacts in Simone Carneiro's *Wasteland*

1. Wernadsky, V I. (1998). *The Biosphere.* New York: Copernicus. On the concept of the noosphere, cf. also his essay 'The Biosphere and the Noosphere.' In: *American Scientist*, 33 (1945), p. 112.

2. Chardronnet, E. (2019) 'Supercomputer, alte Mythen und die Totenkulte der Noosphäre.' Trans. by Isolde Schmitt. In: *Springerin.* 4/2019. Vienna: Verein *Springerin*, 48–51.

cycle appears to draw on this reservoir. Even if they arrive by way of aseptic highways, clean constructs of digitalised computer operations, the impression they give prompts thoughts of the Dadaist rebellion against meaning. The fact that it is all but impossible to conceive of a logical, geometrically coherent frame of reference is part of their fascination. One might nevertheless be tempted onto the wrong track: anyone who thinks that they can grope their way over familiar ground will all too soon become entangled.

Indeed, various clues pointing in this direction can be found in the artist's biography. A reappraisal of her own personal history led to her fascination with classical modernist tendencies. Not only was she captivated by the Dadaist movement's subversive recontextualisation and exaggeration of familiar sign systems as a method, but also by the attempts to break away from the established structure of space and the principle of depiction in cubism. It was this kind of synthesis of unconnected elements as a formal strategy that finally inspired her, in the course of long club nights, to create her own live visuals, with Carneiro beginning to develop hypnotic electronic images from the flickering currents of machine-made figuration. Structurally unpredictable and geometrically frayed, these were snapshots of the inconstant, traces of the technically and visually erratic. Serial alternations and distortions materialised from rudiments of glitches. Substrates of improvisation with visual signals, they were created by planting manipulative switching errors. But her inspiration came not so much from the ubiquitous glitch experiments in the visuals of the techno scene as from the far more memorable visual worlds of modernism. At the Academy of Fine Arts, Simone Carneiro was taken by the photomontages of Kurt Schwitters or Alexander Rodchenko as well as by László Moholy-Nagy's photograms. In retrospect, it was almost logical that this would spark her enthusiasm for montage and sampling electronically generated images.

Only after finishing this chapter did she deepen her approach by focusing on the possibilities of new, open-ended developments in IT. She generally conceives her works by way of an investigative approach. In her cycles, each taking the form of a project, her focus is mostly on the random, often seemingly imperfect and inferior output created by media technologies. Her serial works display a condensing of optical phenomena whose origins go back to the context of early video art. In the course of working visits to New York's influential Experimental Television Center in 2004 and 2007, she devoted her attention to the

visual forms of representing breaks in the electronic image.
The initial boom of the glitch aesthetic, the practice of
causing segments of data to slip and shift by means of
deliberate technical failures, was already over. In connec-
tion with her interest in video and digital art, Carneiro
nevertheless decided to follow a course that would have
lasting effect. She began incorporating technical failure
or error, and thus, in a broader sense, the unpredictable
and all but unbalanceable into her work as constitutive
criteria. When she later embraced the 3D printing method,
the object perfectly rendered by the printer was of no
interest to her at all. The emerging myth of serial fabrication,
creating absolutely identical prints one after another, was
far removed from her modus operandi as an artist. Instead
she turned her attention to the algorithmically generated
abject,[3] that form of machine excretion that, as high-tech
waste, has become worthless in the various contexts of
industrial exploitation.

As a schizo in the world that existed parallel to
her work as a media producer, she fashioned the matrix for
her artistic work with the same tools from the realm of
media technology. Even more clearly than it features in
Simone Carneiro's life, in *Anti-Oedipus*[4] Gilles Deleuze and
Felix Guattari point out the opposition between social
production and the position of art as a point of transfer
between repression and free desiring-production. Herein
lies a significant aspect of the critique of patriarchal
capitalist conditions. Applied to modern-day reality, this
would mean radically recoding the mode of input on the
computer in its original function as part of a command
structure for production. After all, the driving forces of the
libido as a movement of desire and the phantasms of art
can be countercathectic. The regime of algorithms is sub-
verted and digital modes of functioning can be consigned
to the artistically driven production of desire.

The concept of the technically and algorithmically
driven machine is geared towards smooth functioning.
However, the desiring-machines used to release energies
in art may be designed to disrupt the planned functional
sequence and alter the direction of the coding. By running
as disrupted machines, they upset the regime of the real.
In art, the contrary, the incomplete and random act as
dynamics of production. The socially dysfunctional and
anti-production are coded as a productive factor: "The
artist is the master of objects; he puts before us shattered,
burned, broken-down objects, converting them to the
regime of desiring-machines, breaking down is part of the

3. Cf. Kristeva, J. (1982).
    *Powers of Horror.
    An Essay on
    Abjection.* Trans. by
    Leon S. Roudiez.
    New York: Columbia
    University Press.

4. Deleuze, G and
    Guattari, F. (orig. 1972).
    *Anti-Oedipus.
    Capitalism and
    Schizophrenia.* 1983
    Edition. Minneapolis:
    University of
    Minnesota Press.

very functioning of desiring-machines; the artist presents
paranoiac machines, miraculating-machines, and celibate
machines as so many technical machines, so as to cause
desiring-machines to undermine technical machines"[5] wrote
Deleuze and Guattari at a time when no one could foresee
how densely the digital would envelope the globe as an
instrument of dominion. They argued in favour of producing
other objects or sign systems in the flow of desires than
those familiar in everyday life – namely, signs of art. From
today's viewpoint, that would mean converting media, digital
or algorithmic operations into machines that operate for the
purposes of art. Art itself, however, can go further still by
even coding anti-production as production. In the context
of art, destruction can be production. What is shapeless,
what was once useless according to the paradigm of cap-
italism and, earlier still, within the logic of the planned
economy, can take on contours as the abject in art.

    Still influenced by the mode of the glitch aesthetic,
the artist's attention in the 3D printing method was there-
fore on the aesthetic qualities of singular objects of significant individuality. Ordinarily, such objects would have been
discarded from a strictly formatted production line. Beyond
the originally intended appearance, however, this gave rise
to various unexpected formations whose fascination suddenly manifested itself on a different level. Resembling
isolated fossils or marine animals, they looked like frayed
textile particles or flotsam from the technified world.
Carneiro then examined the shimmering fragile artefacts
from the stuttering printer with regard to their usefulness for
subsequent utilisation in other imaging techniques, creating
a numerical taxonomy. From today's perspective, the transformation into photography using a smartphone and the
subsequent rendering of the subjects into a group of litho-
graph works would seem to represent a preliminary stage of
the *Wasteland* cycle. Often, such works are grounded in the
artist's process-based conception on forms of back-trans-
lation from the field of the once new media into classical,
analogue image formats. Where initially one could observe
an accumulation of optical phenomena from the world of
experimental video art, now the parameters of digital communication and algorithm-based modes of production are
increasing. Ultimately, Simone Carneiro blends various
technologies from different stages of history. Insofar as that
anything can still surprise or appear unusual in contemporary art, in this case it would be the appearance of charcoal
drawings or graphics in the works of a code-based media
artist who operates in the digital sphere.

5.   Ibid, p.32.

Of course, in recent decades we have become accustomed to labelling such practices 'post-digital'. But with brief stints in New York and living between Israel, Brazil and Austria, Carneiro began oscillating between multiple identities and languages at an early stage. Her institutional training as an artist was also characterised by a coexistence of different forms of media representation. Only from the bird's eye view of the present do we recognise how often this element of simultaneity can already be observed throughout history; in the context of the Futurism or Dadaism movements, just as it is in the ideas of László Moholy-Nagy.

Perhaps attributable to the artist's mental proximity to the early avant-garde, the sheets from the *Wasteland* cycle, after all the processes of post-production, appear to follow on from past traditions. Linework and contrasts in some of the black-and-white sheets are akin to a return to the technique of frottage, that Max Ernst once rediscovered and employed.[6] This method involves rubbing the given surface structures of found objects, such as tree bark, planks of wood or rock, onto various carriers – predominantly paper – with the aid of charcoal sticks or pencils. Such traces of rubbing were also useful as underdrawings for paintings or used in drawings. Similarly, the protagonists of the then nascent tendencies in art were in search of methods for translating ephemeral events, from the world of dreams and other avenues to the deeper layers of subconsciousness, into the visual realm. As in "écriture automatique", the Surrealists tried to find ways of transcending the rational.

The difference lies in this similarity of surfaces. In its penchant for abstraction and striving to be guided by a psychic automatism, the historical avant-garde operated on the basis of gesture and impulse. It drew on new techniques and methods, based upon hand crafting. In contrast, Simone Carneiro's works are formed from computed patterns and mathematically structured. From within their core, the artist translates them into various aggregate states.

As a transmedia concept, artistic investigation and applied information technology come together. To this end, Simone Carneiro integrates the raw language material into her work process like found items or readymades. The accidental and unforeseeable as an integral part of the concept are not to be confused with the precision and professionalism in the process of finalisation. By editing the data with a program developed by the artist herself, they are converted into different formats. Based on the principle of enabling graphics programs to output sound or automati-

6. A cassette with such works is kept at the MOMA in New York. Available online at: https://www.moma.org/collection/works/10056.

cally connecting sound on the computer with a visual interface, the artist works with coded information in order to use a single set of data as the basis for several different forms of representation. Naturally enough, not all of them can be pressed between pages. Based on the same data, Carneiro also creates lithographs, 3D prints in the form of objects as well as a selection of 3D animations that, in turn, are manifested as uniquely identifiable, indivisible cryptographic tokens (NFT). This self-contained process is now documented in this publication.

Against the backdrop of the simultaneity of different media as a key phenomenon of our culture, the artist thus combines multiple divergent methods of working. She begins developing the graphical subjects for her lithographs for *Wasteland* by capturing a screenshot of her drawings, that are algorithmically derived from language codes. This is followed by a process of post-editing and adjustment of fine areas in Photoshop. Then – as in the traditional methods of planographic printing – she takes advantage of the immiscibility of oil and water when she transfers the subjects onto a lithographic stone by means of a photo emulsion in preparation for printing. A specific combination of water and oil is responsible for rendering contrasts and shades on the print substrate. Finally, the images are carefully transferred by hand onto sheets of laid paper with the force of the litho press.

Although coming from a different sphere of technology, 3D prints are nevertheless similar with regard to the sequence of steps involved. Especially well-suited to rendering the objects with their particular geometric complexity, the computer-controlled, machine-based production process is an additive one. Layer by layer and based on previously calculated dimensions, the object is built up from a liquefied material that cures almost instantly. The overall processes take place within the coordinates of digital production when the artist models files from originally language-based code and exports them to STL formats.[7] The virtual workpiece is then translated into tangible reality as a physical object by means of SLA[8] printing, a method that is mostly used to materialise solid bodies and approximates surfaces with the aid of polygons. A similar transformation process is used to create the 3D animations as visual constructs. After applying virtual textures and adding light effects, they give the impression of almost physical realism.

The nonchalance with which Simone Carneiro conceptually combines meticulousness in her artistic practice with a reference to the almost arbitrary mutability of

7.	STL has several names such as "stereolithography language", "standard triangle language" or "standard tessellation language".

8.	SLA refers to "stereolithography apparatus".

everyday phenomena might thus seem rather baffling. On the basis of information that could hardly be any more trivial, she seeks to achieve a maximum of formal precision. What is more, subject as they are to vicissitudes in the various internet user communities, from the outset the questions that serve as her material are destined to drift like floating sparks and eventually die away. Besides, as visual translations of abstract communication processes, the graphics that Simone Carneiro generates digitally do not lend themselves to be communicated as eye-catchingly as, for example, Andy Warhol's iconic *Brillo Boxes* (1964), although both methods go back to pop phenomena from everyday life. Nor do the millions of questions drifting along data highways constitute part of the visual context, but instead feature solely as referential work titles.

However, this gives rise to an artificial system of organisation on the basis of which abstract form, verbal expression and processes of digital communication manifest themselves in a common frame of reference. As in the notion of a noosphere, the titular questions reflect digitally condensed streams of consciousness. Whereas Andy Warhol transferred images from the world of advertising and media into the context of art as popular icons, in this case it is the pictorial abstract translation of communication processes that also appear as part of a global popular culture.

These concentrates from everyday life make reference to the promising cryptocurrency market, for example. Herein lies perhaps a lifeline in a wavering world whose foundations have been shaken by war and a pandemic. Slowly but surely, we are also beginning to remember that we are within inches of irreversible climate change. How odd that the art market, of all markets, appears to still be stable while measures to end the cycle of poverty are incessantly being discussed but hardly ever put into practice. At best, one could draw on the methods of social science to make out some kind of system behind the choice of topics. When connected in our minds and read as a single text, the laconic questions no longer appear so much to be forlorn monads drifting through the universe of words. Instead, they resemble such periodicals as the popular *L'Atlas* published regularly by *Le Monde diplomatique* and its attempt to explore various topics and chart global developments with the aid of statistics. This statistical material is larded with a personal, seemingly existential interrogation of the post-capitalist self, that is constantly being exhorted to optimise itself and its life in a flexible manner. Questions such as "am I beautiful?" or "how to become famous?" can thus seem a little chilling. They reflect the digitally assisted processes used to constantly track our own appearance and activities, whereas the basis and motive of these utterances remain completely intangible.

Which authorities are the questions addressed to? Where are the answers? In the third decade of our present century, our perception is determined by incidences and statistical forecasts. We have learned to judge reality on the basis of ascending and descending taxonomies. We abstract in hierarchies and categories of similarities. What counts are tree structures and clusters. We use them to represent the weather, the climate, exhaust fumes or diseases. The result, ultimately, is a ranking of importance, current relevance or mood. Perhaps the question "can we go to heaven with tattoos?" will soon be obsolete as the beckoning celestial zone will no longer be able to operate due to a shortage of staff. Instead, we may see topics related to the legitimacy of assisted dying for pole position.

Less emotionally charged than in the concept of the noosphere, ultimately any frame of reference might be used to capture a particular current state - global temperatures, the latest rankings from the world of sport or a typical pop hit parade. Mike Kelley, Anita Pace and Stephen Prina actually work on the basis of this principle in the choreography for their performance for dance, drumming and text titled *Beat of the Traps*[9], 1992. As part of a series at the Wiener Festwochen and at the Gindi Auditorium in Los Angeles they based their performances on the current number-one hit on *The Billboard Hot 100*, thereby giving their performances a veneer of topicality. Based on a certain system, both sides of the number-one single were performed live on stage and even the artists did not know which title this would be at the time of planning. In any case, the performances tied in with hits that were the centre of attention at the time.

With public use of the internet still going almost unnoticed at the time, this concept made reference to the latest music highlights circulating on the radio as a means of mass communication. In a similar vein, Simone Carneiro incorporates the internet, meanwhile omnipresent as a mass medium in online society, where statistics manifest themselves as a by-product of the algorithmic grabbing operations of search engines structured as meta-media. Depending on the type of data involved, they create an index of characteristics for digital identification of the topics in order to serve up a global ranking of interests, topics, individuals or images. Similar to the hit parade with

9. Kelley, M, Pace, A and Prina, S. (1992) *Beat of the Traps*. Performance as part of *Expanded Art I*, Wiener Festwochen: Vienna and Gindi Auditorium: Los Angeles. Idea und concept by Cathrin Pichler. See programme booklet.

its cultural newsletter function, here factors such as sociographic moods, changes in landscapes of taste and interest trends play a role in the shifts of topics and thus rankings.

What looks like the outcome of a dice game is based on an open structure with a similar core, as the result shown by the dice is unpredictable. Consisting of six numbers on equally dimensioned surfaces, the basis of the operation in this game of chance, on the other hand, remains the same. Even the tradition of lead casting mentioned by the artist in Simone Carneiro in Soliloquy – that today uses tin to produce oracular, often bizarre shapes that can be interpreted in many different ways – takes place within a system of unchanging basic conditions. Not only does it involve a workpiece of unchanging size, the technique and sequence of operations, from heating to suddenly cooling the liquefied material, always remain the same.

Emerging in the thought of the Late Renaissance, for example in the *Book on Games of Chance (Liber de Ludo Alea)* by Gerolamo Cardano (of Milan) or the mathematical philosophical studies of Jakob Bernoulli,[10] chance played a significant role particularly in twentieth-century avant-garde art. In view of the many important ideas birthed by Marcel Duchamp, an abstainer from painting who radically challenged the traditional methods of artistic production, it would be all too easy to overlook the fact that he too, a grandmaster of the readymade, worked on the basis of principles that would later be established by the hit parade. When Duchamp introduced the "objet trouvé", the found object – a bicycle wheel (*Bicycle Wheel*, 1913), a bottle dryer (*Bottle Rack*, 1914) or a urinal (*Fountain*, 1917) – into the art environment as a readymade, he chose common, easily recognisable objects from industrial mass production. Even if, ironically, they are now inextricably associated with Duchamp, his original intention was to subvert the idea of a genius figure in art by eliminating all personal elements. His choice was guided primarily by the degree of dissemination and recognisability as an object of industrial mass production.

Visually rather unexciting, but as a laboratory situation all the more important with regard to the further course of the visual arts, Marcel Duchamp experimented actively with chance as a principle in 1914 by – almost trivially – dropping three lengths of string, held horizontally, from a height of one metre. He then secured the *3 Standard Stoppages*, as they would later become known, in place with varnish, thus preserving the outcome of this performative act of imaging as a "founding work of an aesthetics of

10. Bernoulli, J. (1713) *Ars Conjectandi.*

chance".[11] Although aesthetically still more interested in the image and representation, Max Ernst also operated with chance as a component of unpredictability in his frottages and pictorial concepts of decalcomania. Meanwhile, Niki de Saint Phalle and Yves Klein used the results of chance as the raw material for further artistic treatment. Here, the element of chance is merely an intermediate stage in a larger process.

John Cage, who engaged in a dialogue, both personally and on matters of art, with Marcel Duchamp and who also developed a greater interest in Far Eastern philosophy as a result of his studies of the Chinese *I Ching*, or *Book of Changes*, gave fresh impetus to the idea of chance at the level of sound and in the context of contemporary music. Although from a modern-day perspective he was positioned in the musical avant-garde like almost no other, he too formulated the anachronism of the singular artistic genius as one of his guiding principles. As early as the 1950s he began incorporating random operations into his compositions. In his *Concerto for Prepared Piano and Chamber Orchestra* (1951) the entry of orchestra parts was based on various factors including the *I Ching* and coin tosses. A broad genealogy of techniques of applied chance could be distilled especially from Cage's oeuvre. Another factor was his Zen Buddhist mind-set, according to which notes and sounds came to him rather than being subjected to his own ideas of order. In the famous piece 4'33" all of these elements flow into one, with Cage distinguishing here between chance and indeterminacy. The number of instruments, for example, could be chosen freely, and was thus governed by chance, while unintentional acoustic events, such as sudden coughing from the audience, would be in the realm of the unforeseeable and unpredictable.[12]

A clear-cut demarcation line between deliberately employed chance as an open method and aesthetic caprice is always of central importance. Incorporating the element of unpredictability into the concept does not imply crossing over into the territory of the arbitrary. Even if the artist draws on the principle of aleatory as a field for aesthetic experimentation, she nevertheless retains her role as author. It is she who stakes out the framework coordinates for her field of action. But unlike the classical avant-garde of the twentieth century, Simone Carneiro's aim is not to create a conceptual score but rather to generate digital workpieces by means of an algorithm-based method.

11. Molderings, H. (2006). *Kunst als Experiment. Marcel Duchamps , '3 Kunststopf-Normalmaße'*. Munich and Berlin: Deutscher Kunstverlag.

12. Cf. Schulze, H. (2000) *Das aleatorische Spiel. Erkundung und Anwendung der nichtintentionalen Werkgenese im 20. Jahrhundert.* (Erlangen-Nürnberg, univ. diss.1998). Munich: Fink.

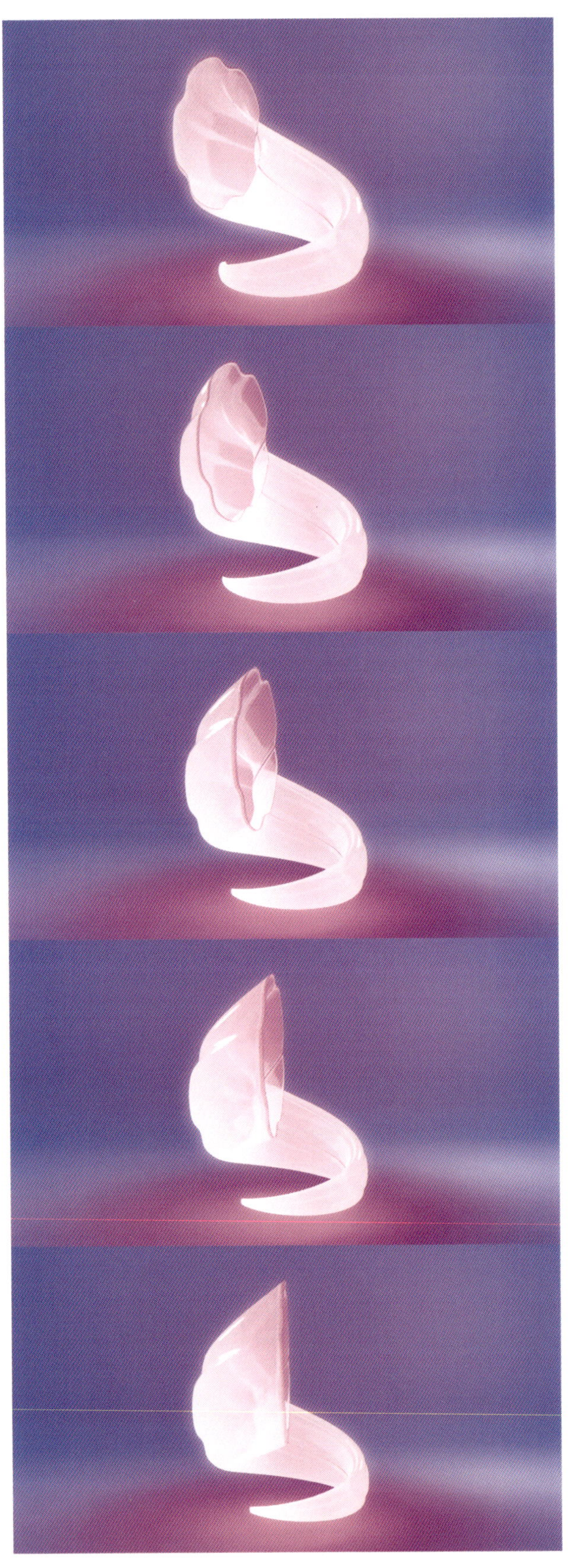

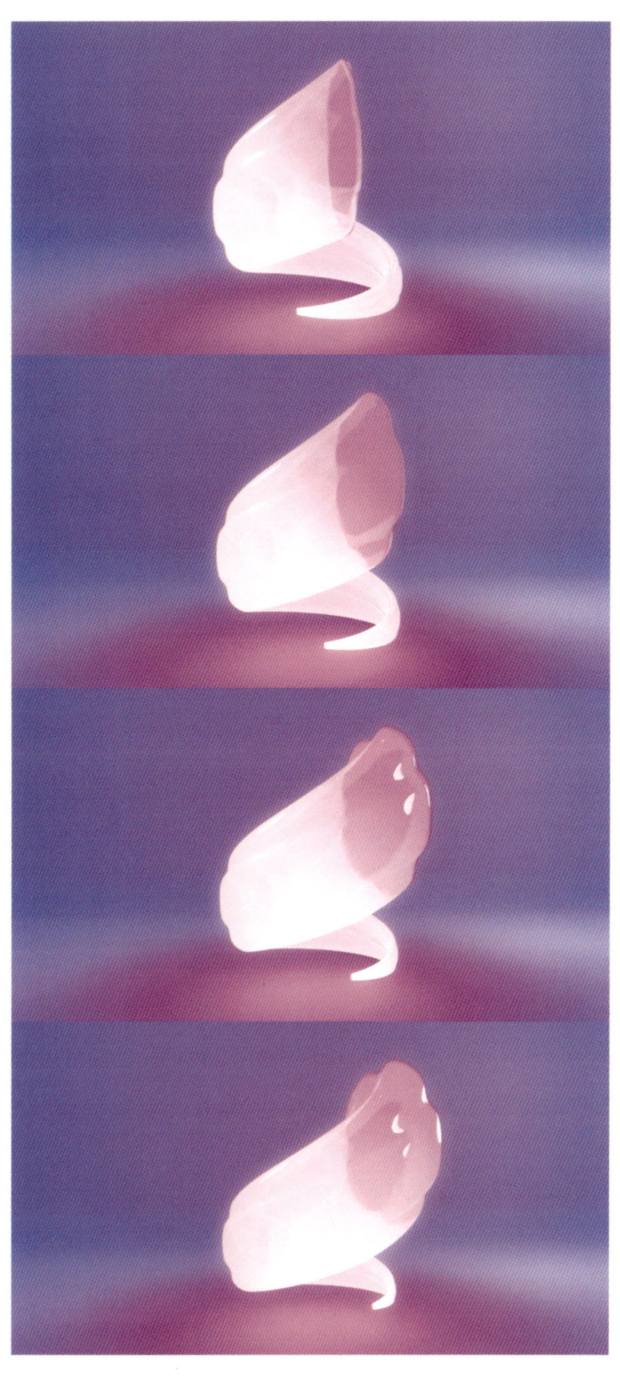

Will NFTs last?
NFT, video loop, 2021
1920 x 1080 px, 00:16 min.

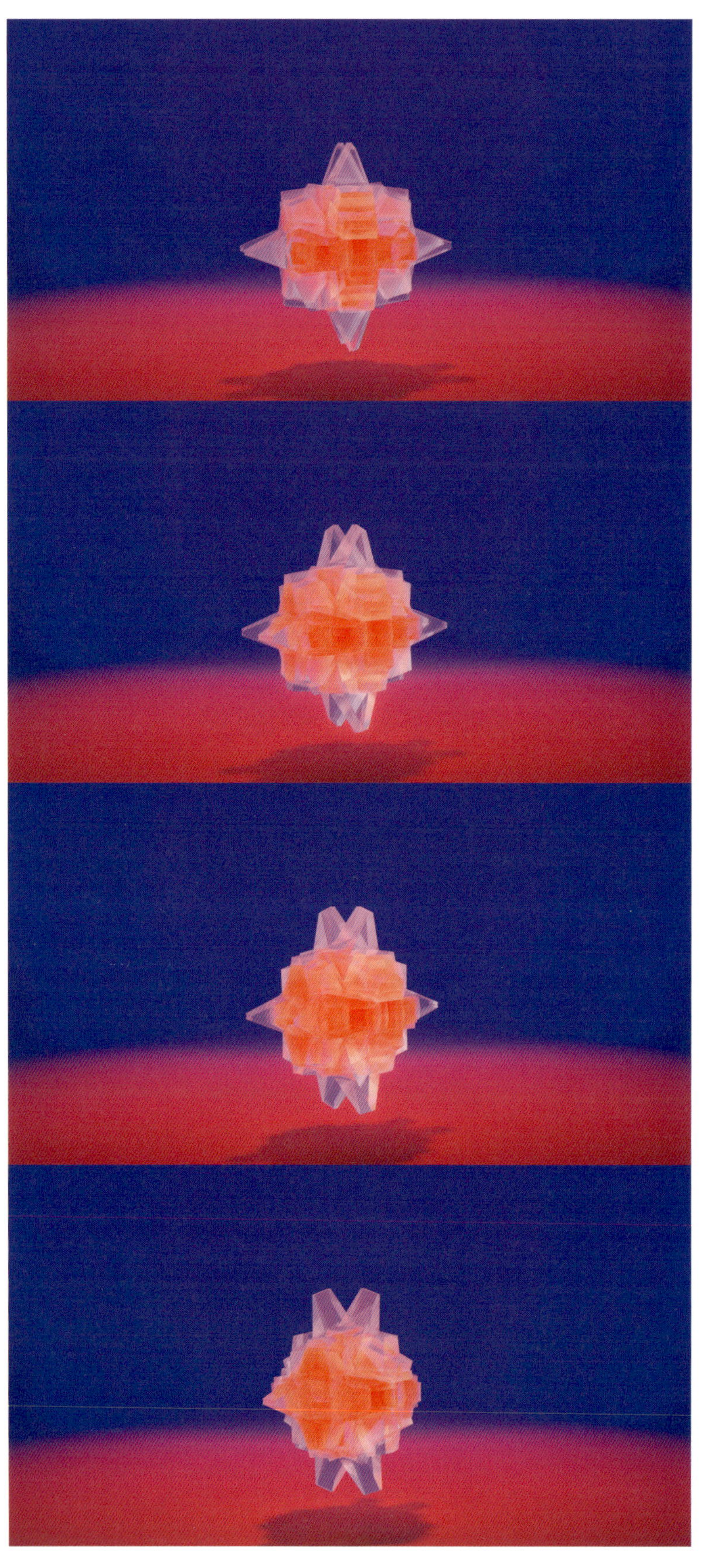

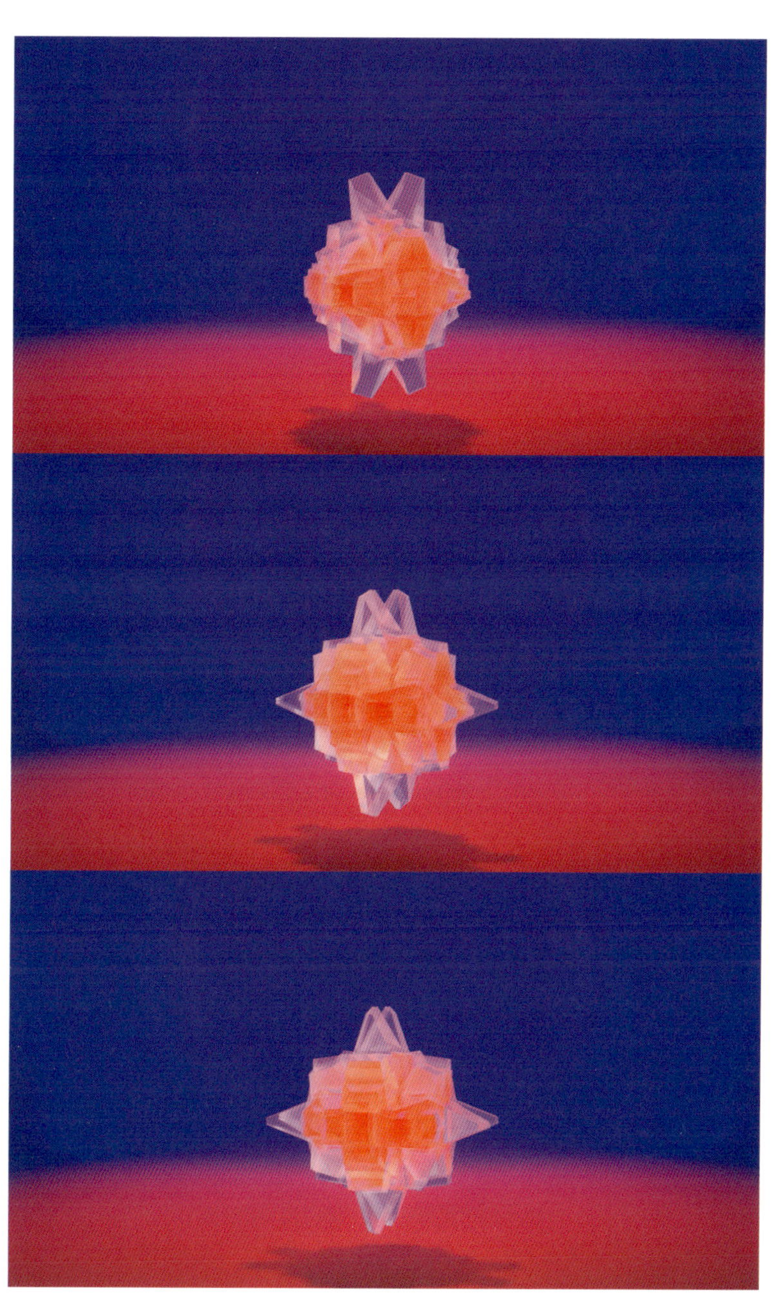

Which NFT should I buy?
NFT, video loop, 2021
1920 x 1080 px, 00:16 min.

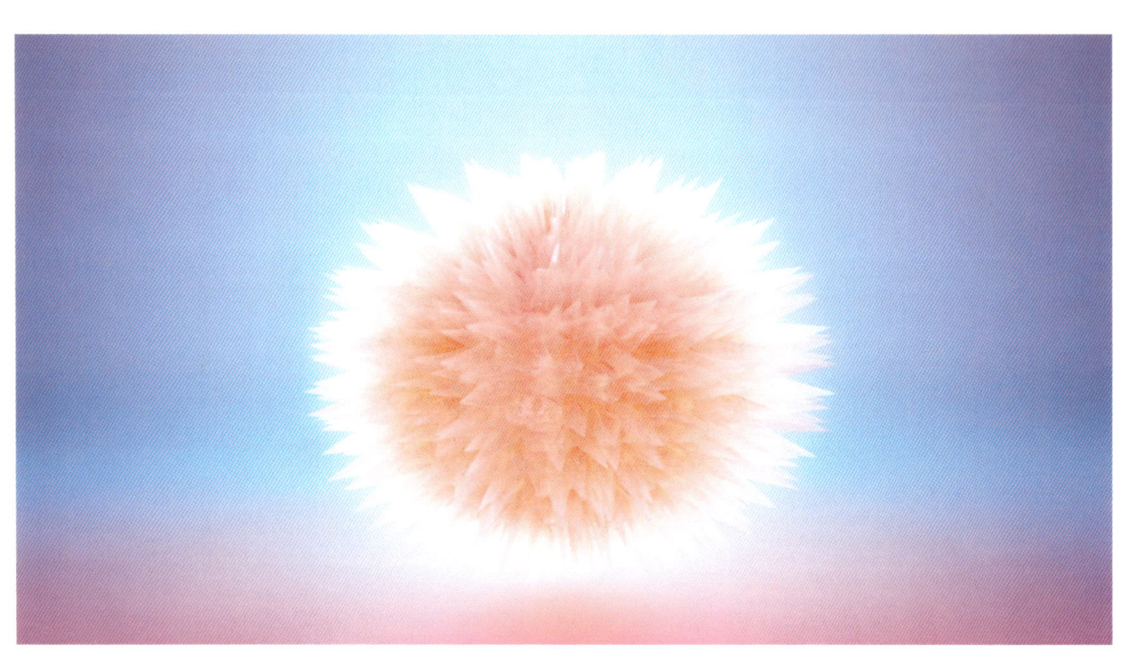

What is NFT?
NFT, video loop, 2021
1920 x 1080 px, 00:14 min.

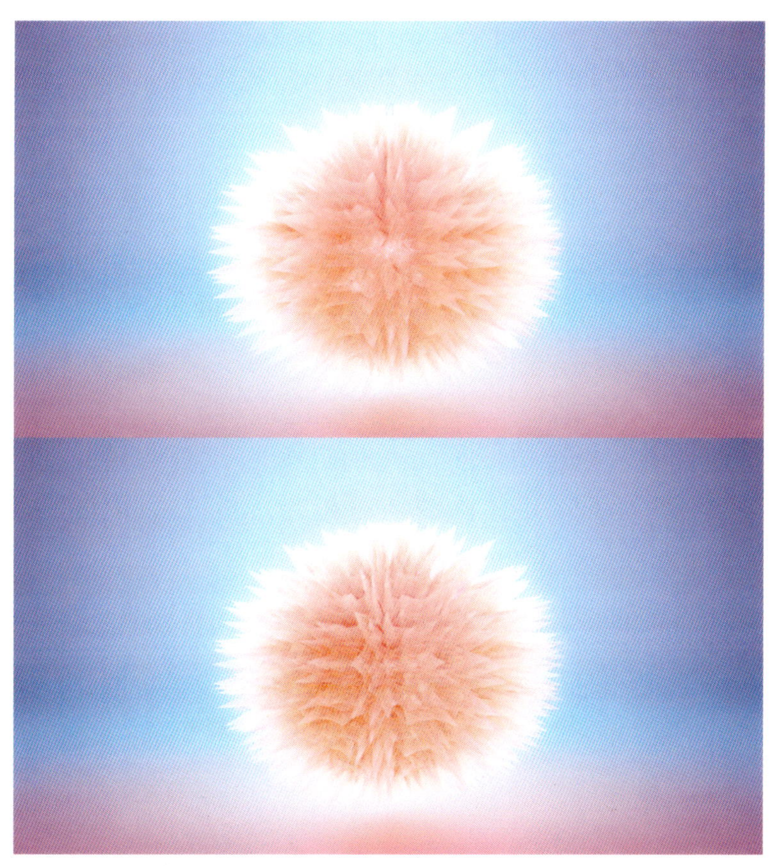

Lithografien

Lithographies

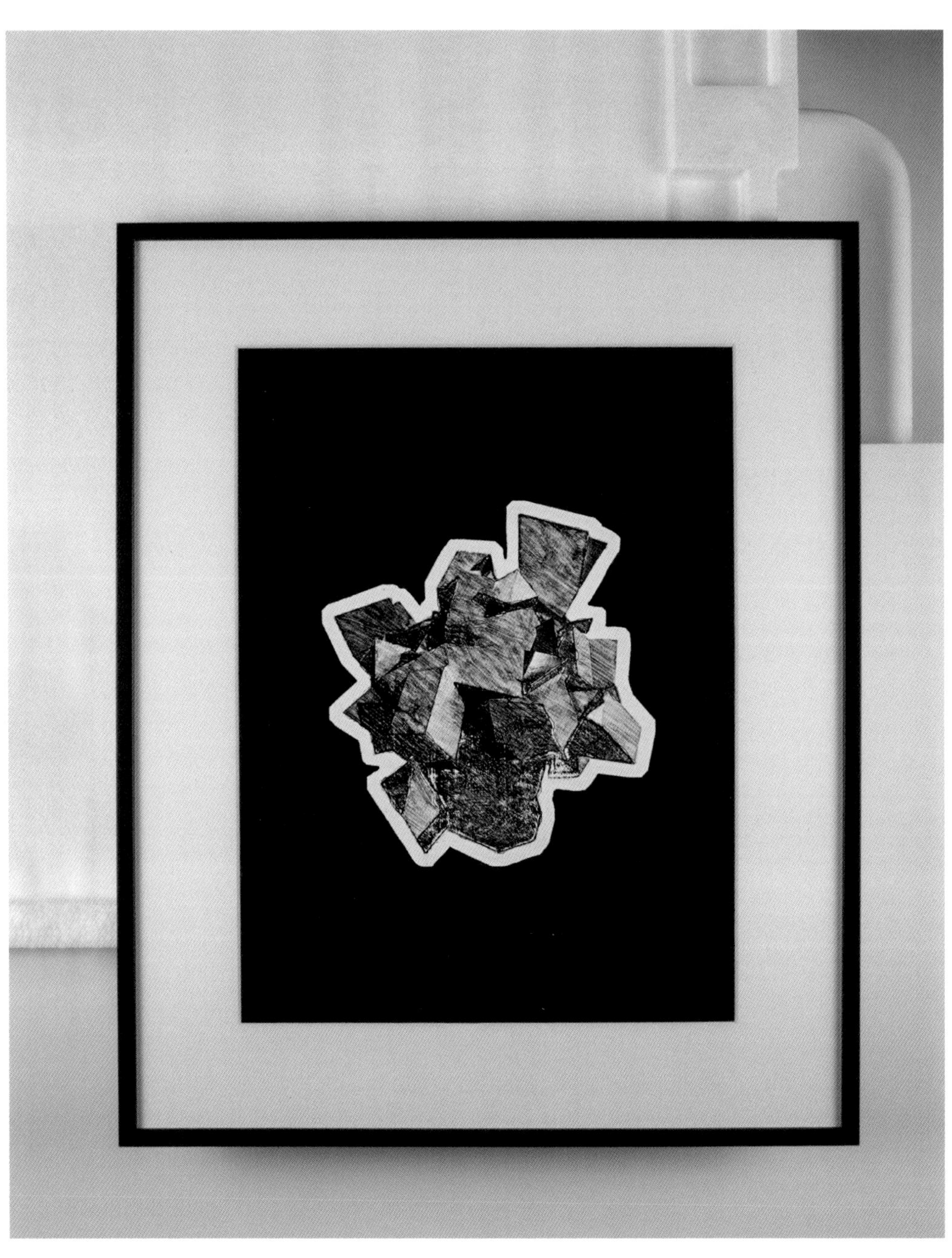

Why am I afraid of death?
Lithografie | Lithography, 2020
297 x 420 mm

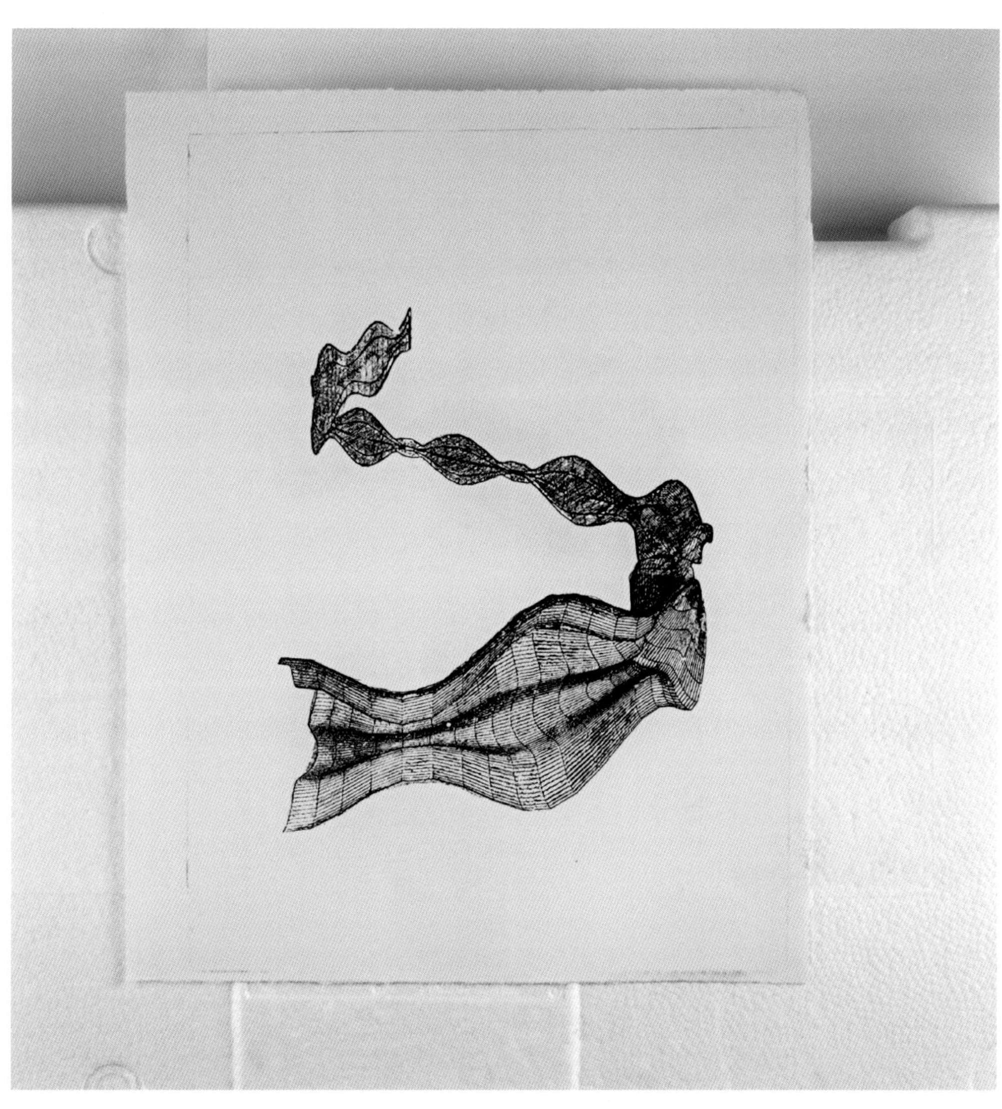

WHO COVID?
Lithografie | Lithography, 2020
297 x 420 mm

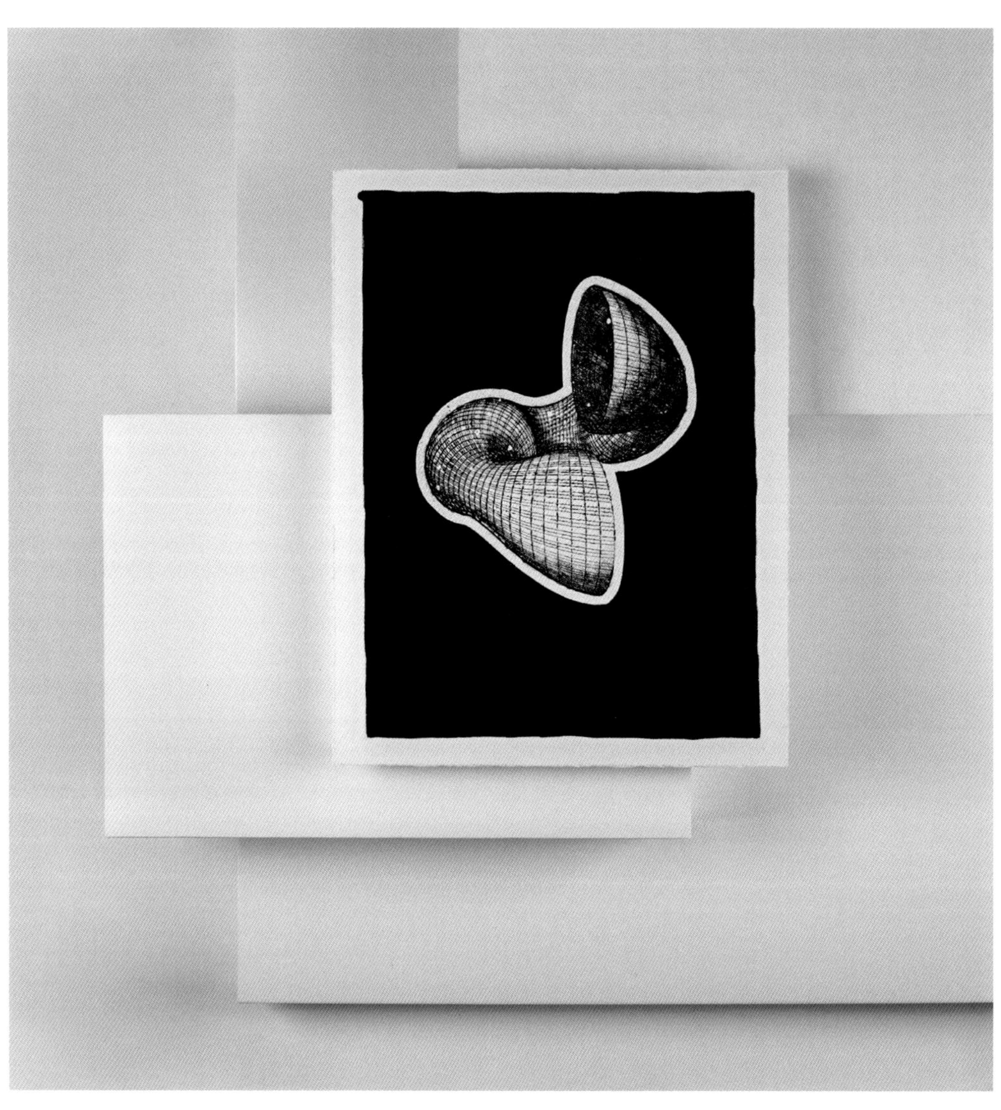

How to sell drugs online?
Lithografie | Lithography, 2020
210 x 297 mm

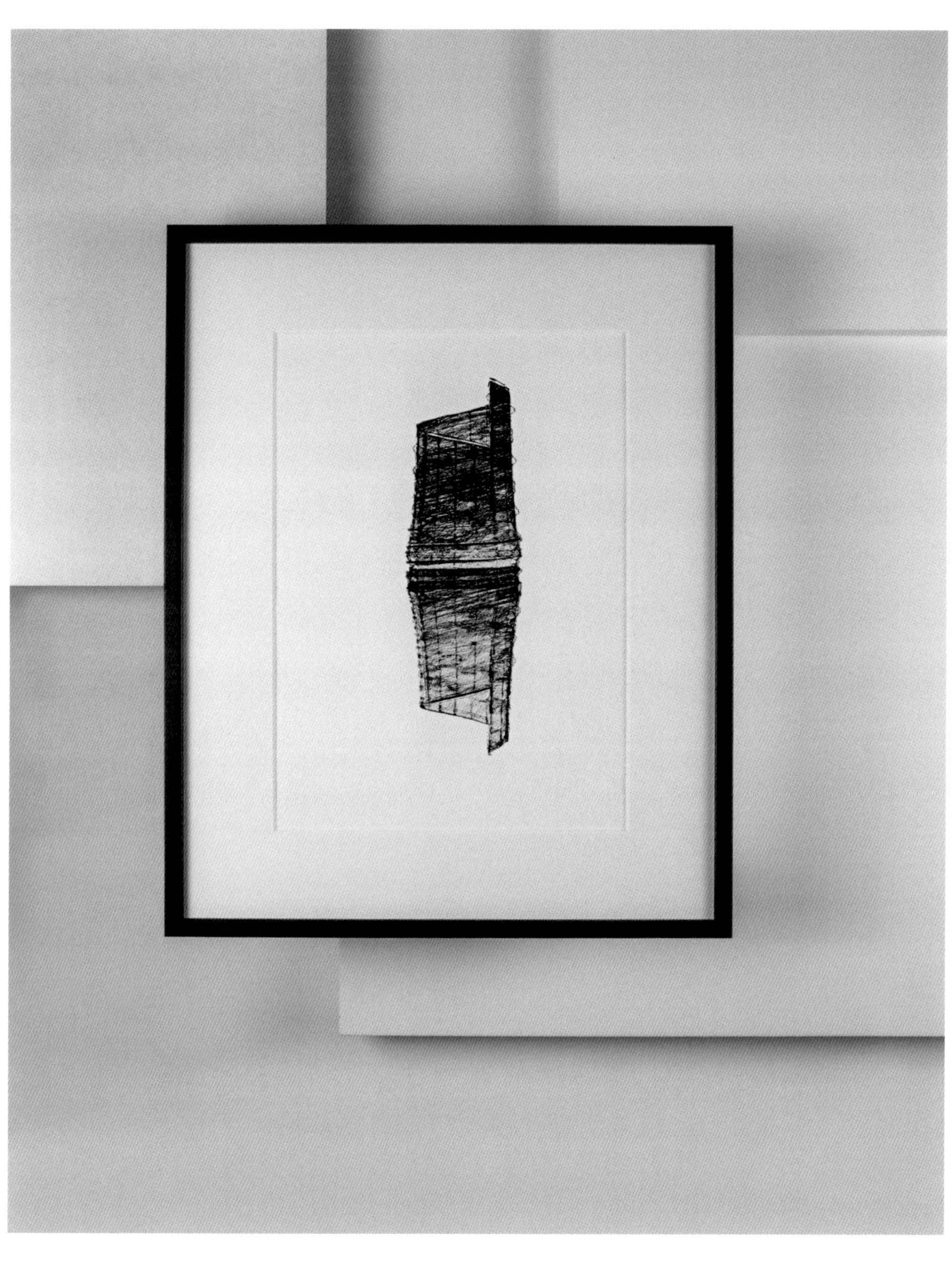

When will we run out of water?
Lithografie | Lithography, 2020
210 x 297 mm

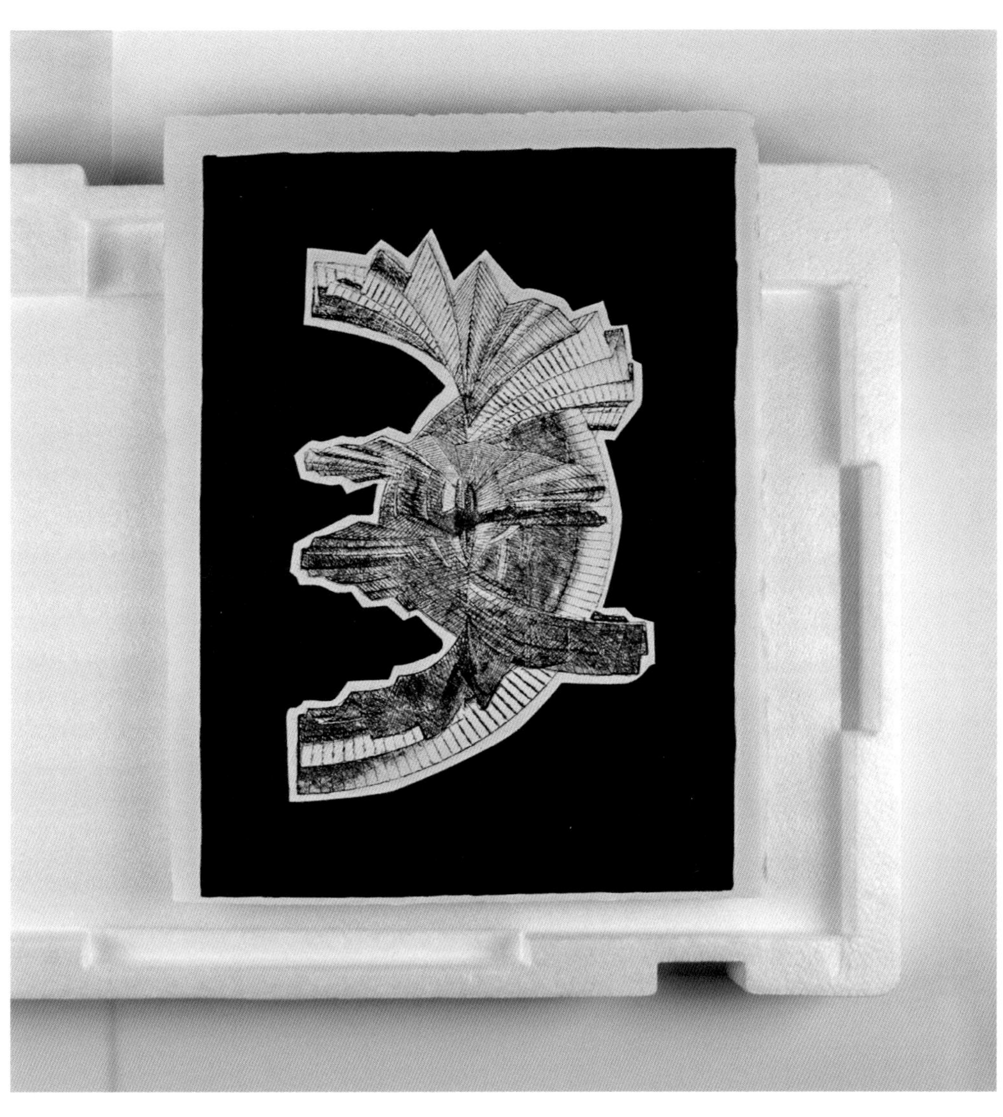

What is a Karen?
Lithografie | Lithography, 2020
297 x 420 mm

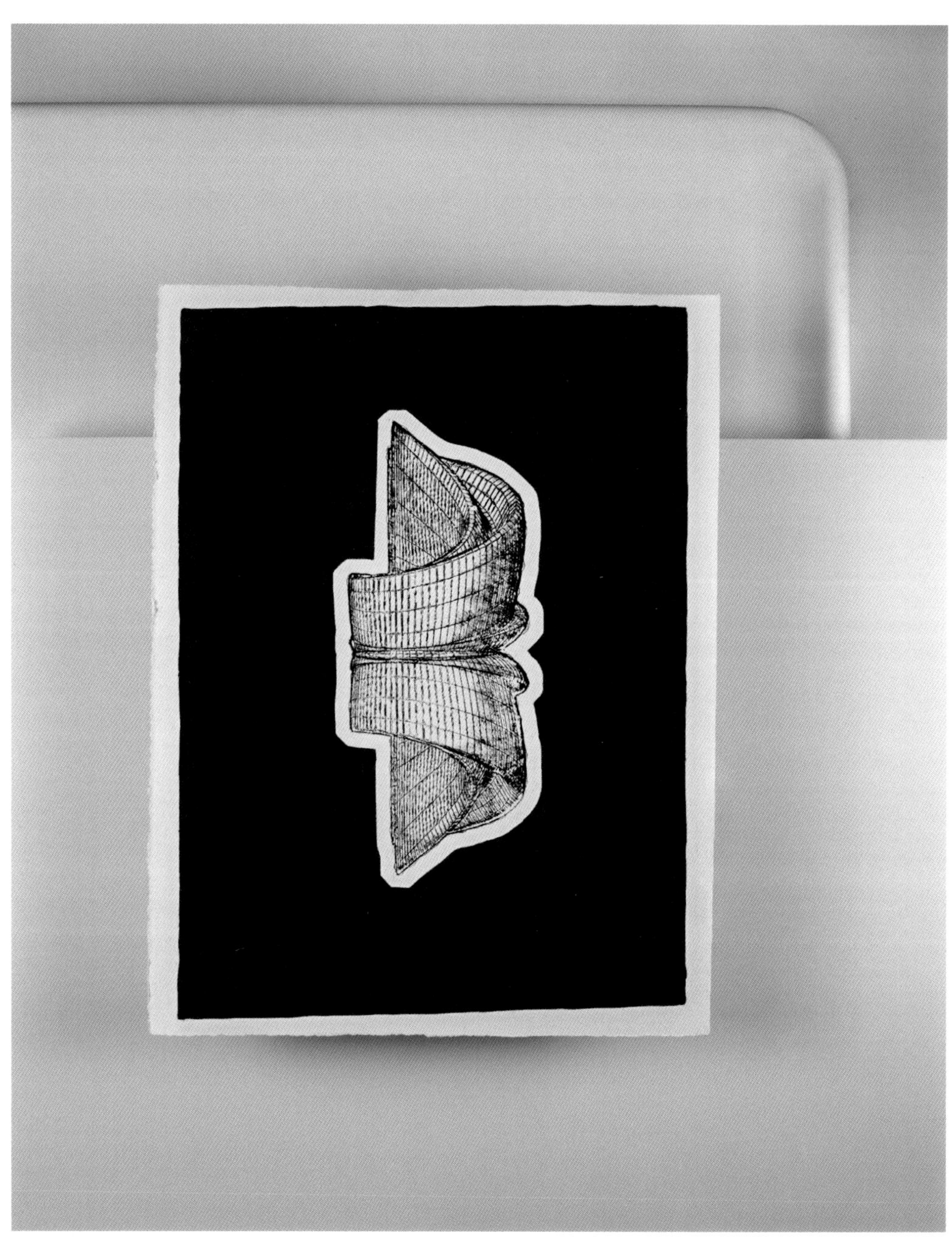

How to become famous?
Lithografie | Lithography, 2020
297 x 420 mm

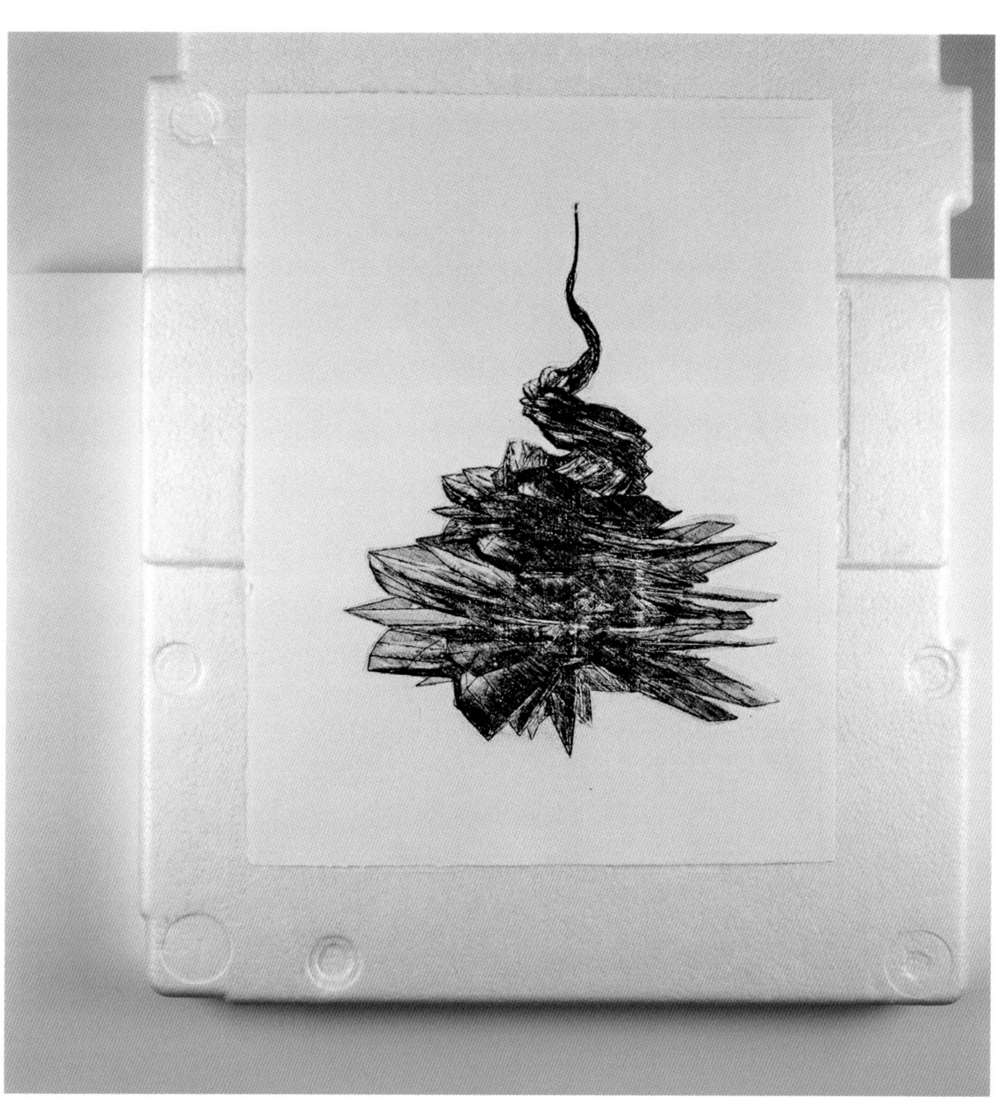

Where is the love?
Lithografie | Lithography, 2020
297 x 420 mm

What if we were all the same?
Lithografie | Lithography, 2020
420 x 594 mm

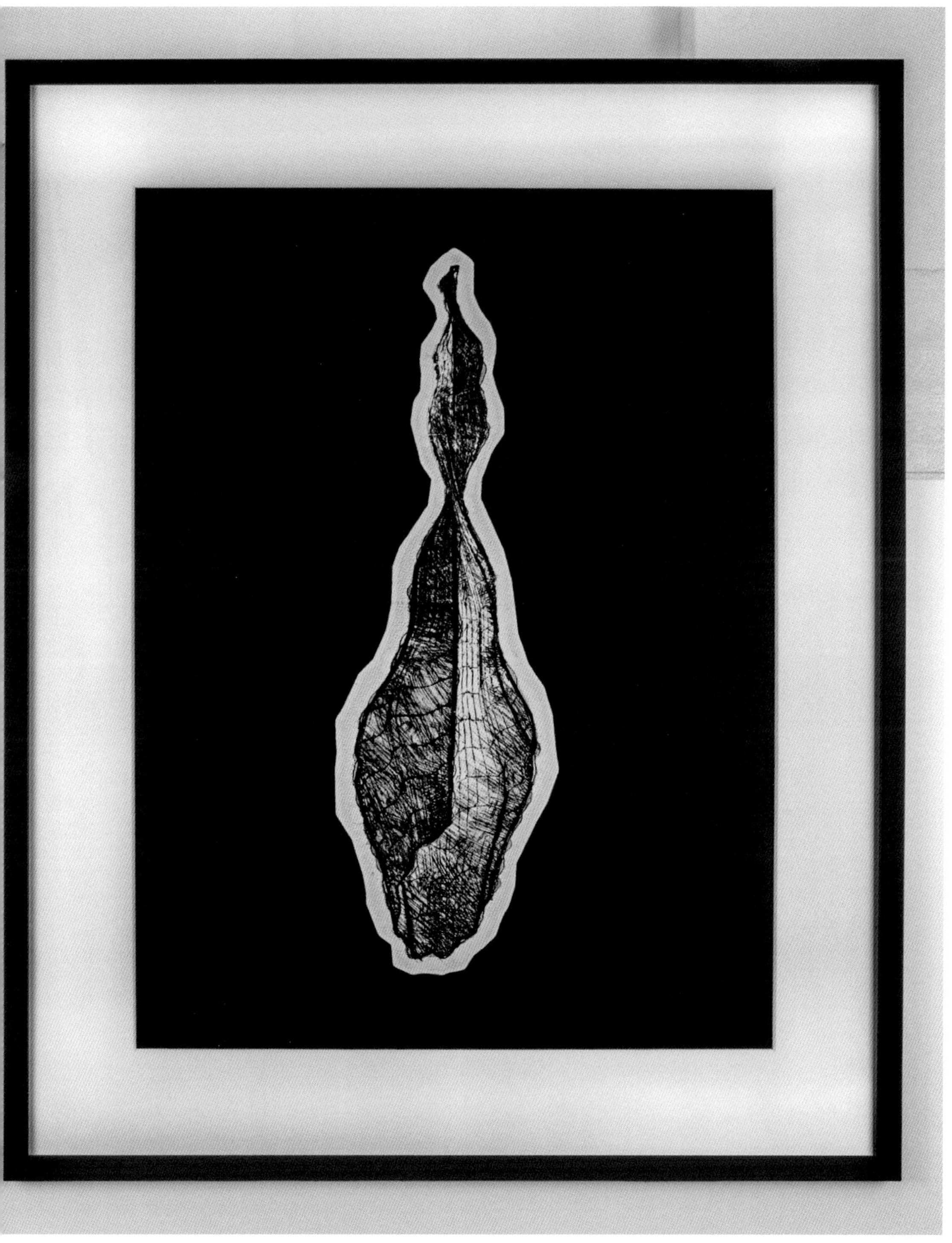

Simone Carneiro
im Selbstgespräch

F: Was hat Sie zu diesem Werk inspiriert?

Simone Carneiro: Ich habe im Internet gestöbert, wie man es um drei Uhr morgens so tut, und bin auf eine Website gestoßen, auf der man willkürlich 3D-Modelle erstellen kann. Ich war sofort fasziniert, denn zufällig sind 3D-Druck und algorithmische Prozesse Themen, mit denen ich oft arbeite. Außerdem war es das Ende des Jahres, und wir feierten in Wien Silvester. Neben dem Feiern oder dem Verbringen des Abends mit Freunden und Familie ist es üblich, sich mit Molybdomantie zu beschäftigen, um zu sehen, was das kommende Jahr bringen könnte. Man nimmt ein Stück Blei und erhitzt es auf einem Löffel. Sobald es geschmolzen ist, schüttet man das verflüssigte Blei in eine Schüssel mit Wasser, und es entsteht eine zufällige Form. Die Form steht dafür, wie das Jahr werden wird, oder für eine andere Frage, die man sich gestellt hat. Da kam mir die Idee, diesen alten Brauch zu adaptieren. Ich würde Fragen stellen und sie von einem Algorithmus beantworten lassen. Nicht geschmolzenes Blei und kaltes Wasser, sondern Bits und Bytes würden eine 3D-Form ausspucken und Fragen beantworten. Molybdomantie ist in verschiedenen Gesellschaften unter verschiedenen Namen bekannt, in der arabischen Welt als „Kfif" und im germanischen Brauch als „Bleigießen". Ich fand es ungewöhnlich und amüsant, eine Divinationstechnik zu nehmen und sie von einer Anwendung ausführen zu lassen.

F: Ja, aber Molybdomantie wirkt etwas mystisch. Oder wie eine Reflexion. Sie interpretieren etwas, das Sie sich selbst ausgedacht haben. Warum haben Sie den von Ihnen initiierten verbalen Dialog in diese Art der visuellen Darstellung übertragen?

SC: Für mich ist Divination der Akt der Ergänzung einer bewussten Wahl durch eine unbewusste Auswahl oder Vielfalt, sie kann als psychologischer Prozess gesehen werden. Das Spannende dabei ist für mich, die Maschine in die Gleichung mit einzubeziehen. Die Molybdomantie war für mich der Anstoß, eine Methode zu entwickeln, um dieses Werk zu schaffen. Die Verwendung von zufällig oder chaotisch erzeugten Visualisierungsvariationen ist nichts Neues, etwa in der generativen Kunst. Ich verwende Algorithmen wegen ihrer Fähigkeit, Daten zu erzeugen und zu manipulieren, was dem künstlerischen Prozess eine zusätzliche Dynamik verleiht und eine breite Palette von Möglichkeiten eröffnet.

F: Wie sah Ihr Arbeitsprozess aus?

SC: Ich brauchte Fragen, um den Algorithmus gemäß der von mir gewählten Methodik zu füttern. So habe ich unter anderem die AutoFill-Funktion von Google genutzt, um die Fragen zu finden. Ich hielt es für angemessen, Fragen von globalem Belang per Crowdsourcing zu sammeln, um die heutige Realität widerzuspiegeln. Diese Fragen liefen dann durch eine einfache Anwendung, die ich zu diesem Zweck geschrieben hatte. Die Software nahm die Buchstabenfolge, aus der die Frage bestand, und generierte Variablen, die in einen Online-Zufallsgenerator für Formen eingefügt wurden. Der Generator erzeugte dann beliebige 3D-Formen, die ich als Lithografien und Objekte druckte und in digitale Zeichnungen und Animationen umsetzte.

F: War das ein Experiment oder hatten Sie eine Vision, eine Vorstellung vom visuellen Ergebnis?

SC: Ich kann nicht genug betonen, wie wichtig der Prozess in meiner künstlerischen Praxis ist. Ich beginne oft mit einer Idee, und dann entwickelt das

Projekt ein Eigenleben. Also ja, ich hatte eine Idee, aber keine definierte Vorstellung vom Ergebnis.

F: Wie viele Fragen haben Sie definiert? Wie viele Fragen und Antworten haben Sie verwendet? Es scheint kein unendlicher Prozess zu sein.

SC: Ich habe etwa 60 Fragen und Antworten definiert und 42 davon verwendet. Die Fragen und einige der Antworten bildeten die Grundlage für die Auswahl. Wenn eine Frage zu banal oder eine Antwort einer anderen zu ähnlich war, habe ich sie verworfen. Und wie bei jeder anderen Arbeit auch, muss man irgendwann festlegen, wann sie abgeschlossen ist. Ich habe den Endpunkt festgelegt, als ich keine interessanten Fragen oder Formen mehr auftauchen sah.

F: Sie sprechen von Fragen, die unsere heutige Realität widerspiegeln. Ist es nicht schwierig, zu entscheiden, welche Fragen relevant sind?

SC: Ich denke, die Realität wird durch das definiert, was die Mehrheit der Menschen für relevant hält. Deshalb habe ich vor allem Google benutzt, um die am häufigsten gestellten Fragen zu sammeln. Als ob das Internet mit einer Stimme sprechen würde, lieferte es diese unwirkliche und doch hyperreale Aktualität.

F: Sie sagen, dass Sie hauptsächlich Google benutzt haben. Woher haben Sie die anderen Fragen genommen?

SC: Ich hatte mehrere andere Quellen. Ich habe zum Beispiel auch Soziale Medien und KI-Bots genutzt. Zunächst habe ich vor allem Fragen in den Sozialen Medien gesammelt, vor allem auf Instagram. Ich postete eine Frage in einer meiner Stories und fragte: „Was ist, wenn ich euch sage, dass ich alles beantworten kann? Stellt eure Fragen." Ich merkte schnell, dass

diese Methode zu einschränkend war. Nachdem ich die AutoFill-Funktion von Google ausgeschöpft hatte, ging ich noch einen Schritt weiter und sprach mit KI-Bots, um zu sehen, welche Art von Fragen sie zu stellen hatten. Mir gefiel das zusätzliche Element des maschinellen Lernens verglichen mit dem eher statischen Google-Algorithmus. Ich hatte einige amüsante Unterhaltungen mit den Bots, konnte ihnen aber nur ein paar interessante Fragen entlocken.

F: Warum der Titel *Wasteland*?

SC: Eine sehr gute Freundin von mir hat eine hervorragende Science-Fiction-Geschichte für dieses Werk geschrieben. Ihr Text ist köstlich dystopisch und trägt den Titel *Wasteland* (Einöde). Ich liebe diesen Titel, denn er passt perfekt zu dem Gefühl, das diese Werke in mir auslösen, nachdem ich den Prozess ihrer Entstehung durchlaufen habe. Ein ähnliches Gefühl wie in T. S. Eliots beinahe gleichnamigem Gedicht. Die aktuellen Entwicklungen verändern alles, und der Mensch als einziges mit Intelligenz und freiem Willen ausgestattetes Wesen wird überflüssig. Selbstreflexion ist von größter Bedeutung, und der posthumane Zustand kann nicht ignoriert und in den Hintergrund gestellt und als Normalität betrachtet werden. Ich habe viele Fragen gesehen, und die eine verborgene Frage, die sich hinter ihnen allen verbirgt, ist jene, wessen Existenz auf dem Spiel steht, wenn der Boden, auf dem wir unsere existenziellen Spiele austragen, flüssig und instabil wird. Die Antwort ist, wie sie sein muss, überraschend, rätselhaft und doch zutreffend.

Simone Carneiro
in soliloquy

Q: What inspired you for this body of work?

Simone Carneiro: I was cruising the internet, as one does at 3:00 in the morning, and I found a website where you can generate random 3D models. I was instantly intrigued as the idea of chance, 3D printing, and algorithmic processes are themes I often work with. It also happened to be the end of the year, and we were celebrating New Year's Eve in Vienna. Besides partying or spending an evening with friends and family, it is customary to engage in molybdomancy to see what the future year might bring. Basically, you take a piece of a lead and heat it up on a spoon. Once it is molten, you pour the liquefied lead into a bowl of water, and as it cools it forms a random shape. This shape represents how the year will be, or indeed any other question you may have asked. I had the idea to adapt this old custom. I would ask questions and have an algorithm answer them. Instead of molten lead and cold water bits and bytes would spit out a 3D shape and answer questions. Molybdomancy can be found under various names in various societies, known as "Kfif" in the Arabic world and "Bleigiessen" in the German speaking countries. I found it both curious and amusing to take a divination technique and have an application perform it.

Q: Yes, but molybdomancy seems somewhat mystical. Or like a reflection. You interpret something that you came up with yourself. Why did you transfer the verbal dialogue you initiated into this kind of visual representation?

SC: To me, divination is the act of supplementing conscious choice with unconscious selection or variety, which can be seen as a psychological process. The exciting part for me here is to add the machine to the equation. Molybdomancy prompted the methodology for me to create this body of work. Using random or chaotically generated visualisation variation is nothing new and readily used in generative art. However, I use algorithms because of their ability to create and manipulate data, which adds dynamism to the artistic process allowing a wide range of possibilities.

Q: What was your work process?

SC: I needed questions to feed the algorithm as per my chosen methodology. So, among other methods, I used the Google autofill function to source the queries. I figured it would be appropriate to crowdsource questions of global concern in order to reflect contemporary reality. These questions were then run through a simple application that I had written for this purpose. The software took the sequence of letters composing the query and generated variables for insertion into an online random shape generator. The generator then produced arbitrary 3D shapes, which I printed as lithographs and objects and transposed to digital drawings and animations.

Q: Was this experimental, or did you have a vision / an idea of the visual output?

SC: I can't emphasize enough how important process is in my artistic practice. I often start with an idea, and then the project takes on a life of its own. So, yes, I did have an idea but not a defined vision of the output.

Q: How many questions did you define? How many questions and answers did you use? It does not seem like an infinite process.

SC: I defined about 60 questions and answers and used 42 of them. The questions and some of the responses formed the basis of selection. If a question was too trite or an answer generated a shape that I felt was too similar to another I would scrap it. And as with any other body of work, at some point, one must define when it is complete. I set the endpoint when I saw no more interesting questions or shapes pop up.

Q: You talk about questions that reflect our contemporary reality. Isn't it tough to decide which questions are relevant?

SC: I guess the reality is defined by what most people find relevant. That is why I primarily used Google to crowdsource the most asked questions. As if speaking with one voice, the internet provided this unreal yet hyperreal urgency.

Q: You mentioned that you primarily used Google. Where did you get the other questions from?

SC: I had multiple other sources. For example, I also used social media and AI bots. Before anything else, I started sourcing questions on social media, particularly on Instagram. I would post a question on one of my stories asking: "What if I told you I could answer anything? Ask your questions". I quickly realised that this method was too constrained. Then after exhausting the Google autofill function, I took it a step further and talked to AI bots to see what kind of questions they had to offer. I liked the added machine learning element to the more static Google algorithm. I had some amusing conversations with the bots but only got a couple of interesting questions out of them.

Q: Why the title *Wasteland*?

SC: A very good friend of mine wrote an excellent science fiction story for this body of work. Her text is deliciously dystopian and titled *Wasteland*. I love the title as it perfectly fits the feel these works invoke in me after going through the process of creating them. A feeling similar to the one evoked by T. S. Eliot's poem of almost the same title. Current developments change everything, and humanity, as sole proprietors of intelligence and free agency, is rendered obsolete. Self-reflection is paramount, and the post-human condition can't be ignored and placed against the backdrop of normalcy. Throughout this process I witnessed so many questions, and the one hidden inquiry behind them all is the question: "Whose existence is at stake when the very ground on which we play out our existential games becomes fluid and unstable?" The answer is, as it must be, surprising, mysterious yet accurate.

3D-Drucke

3D prints

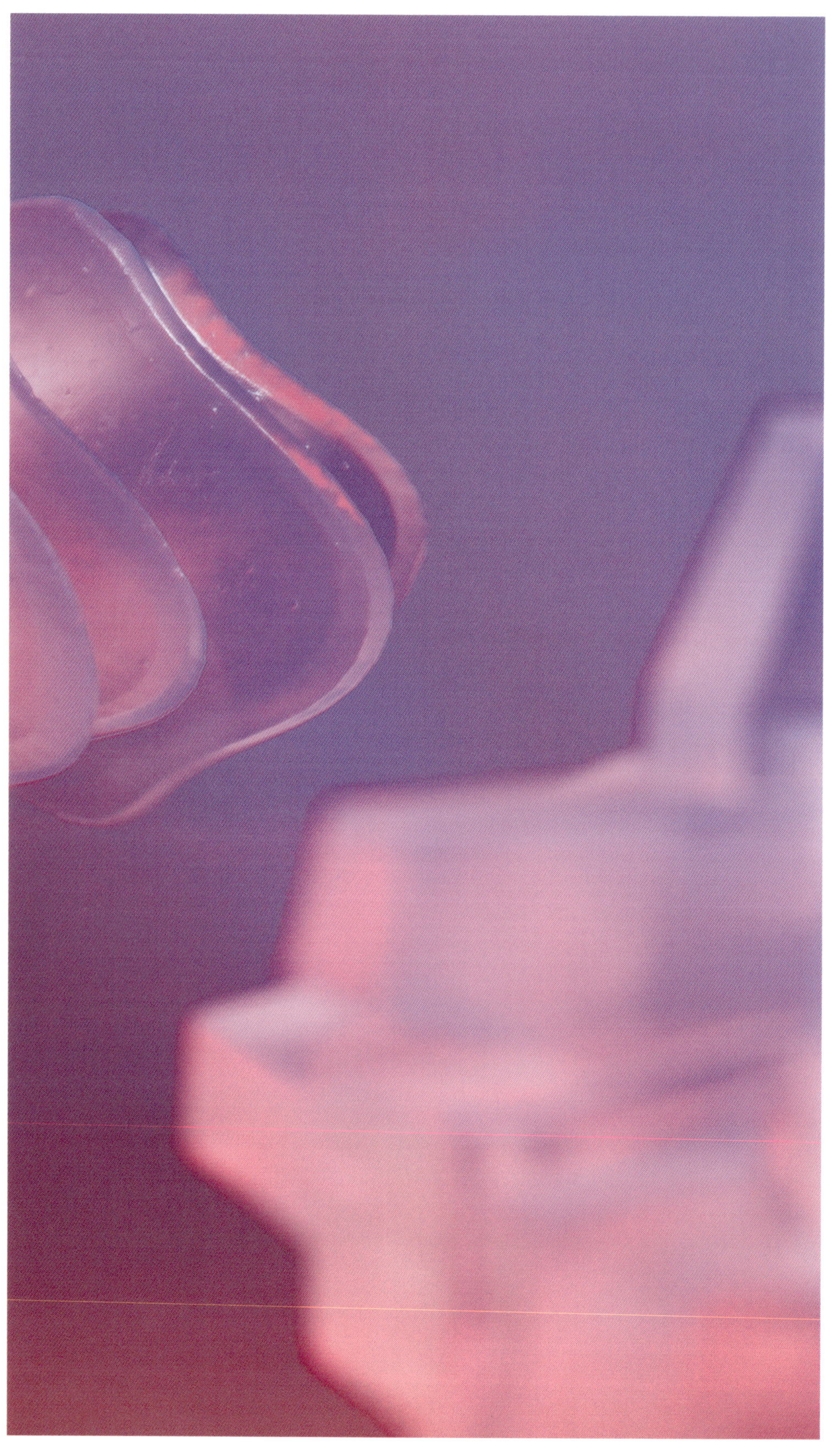

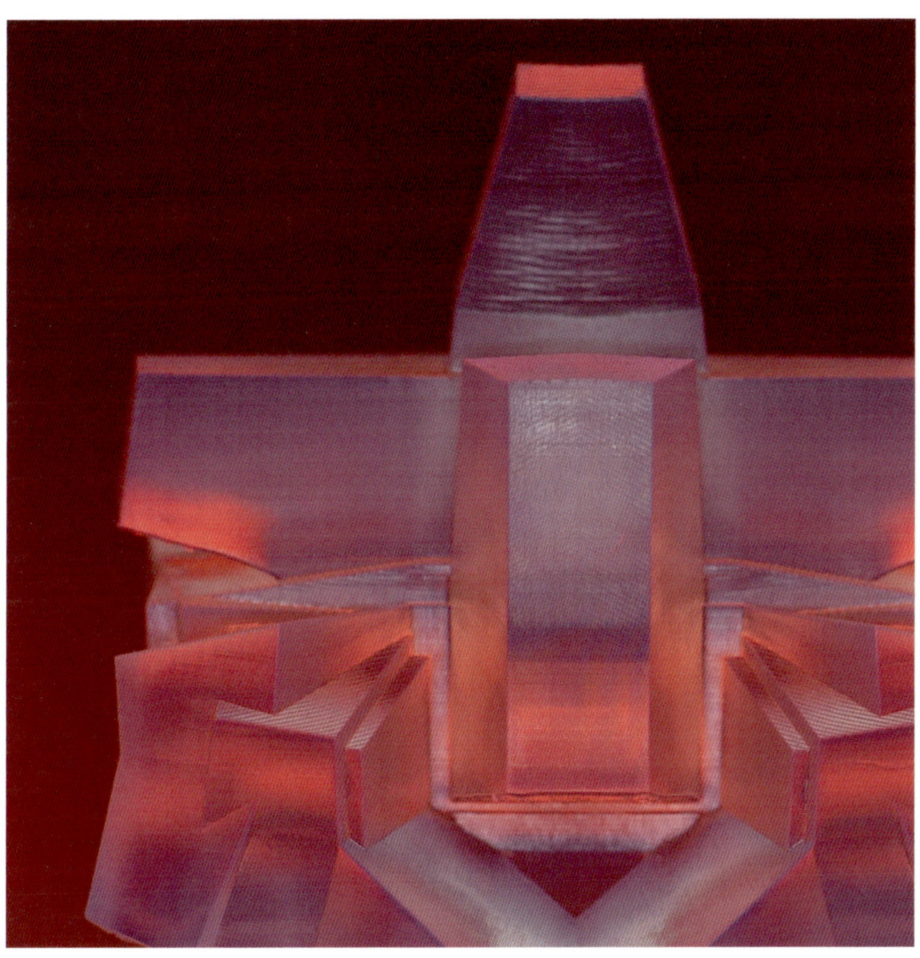

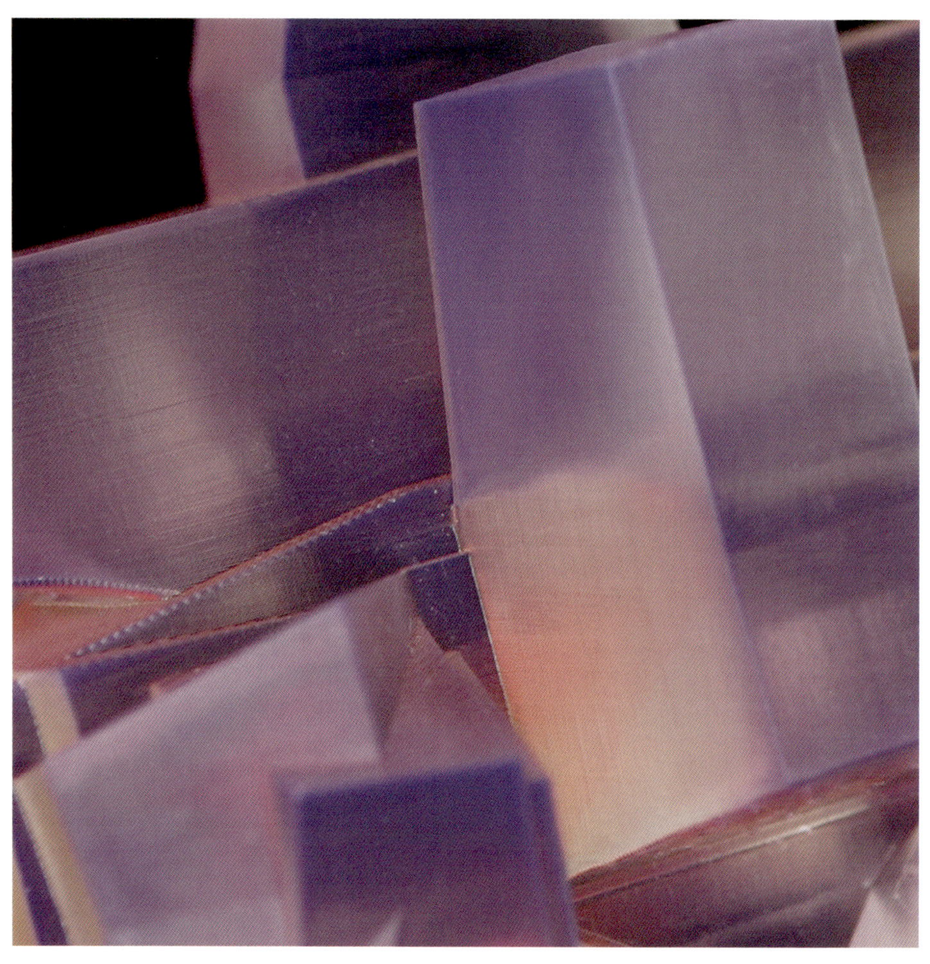

This project?
3D-Druck | 3D print, PLA, 2020
100 x 100 mm

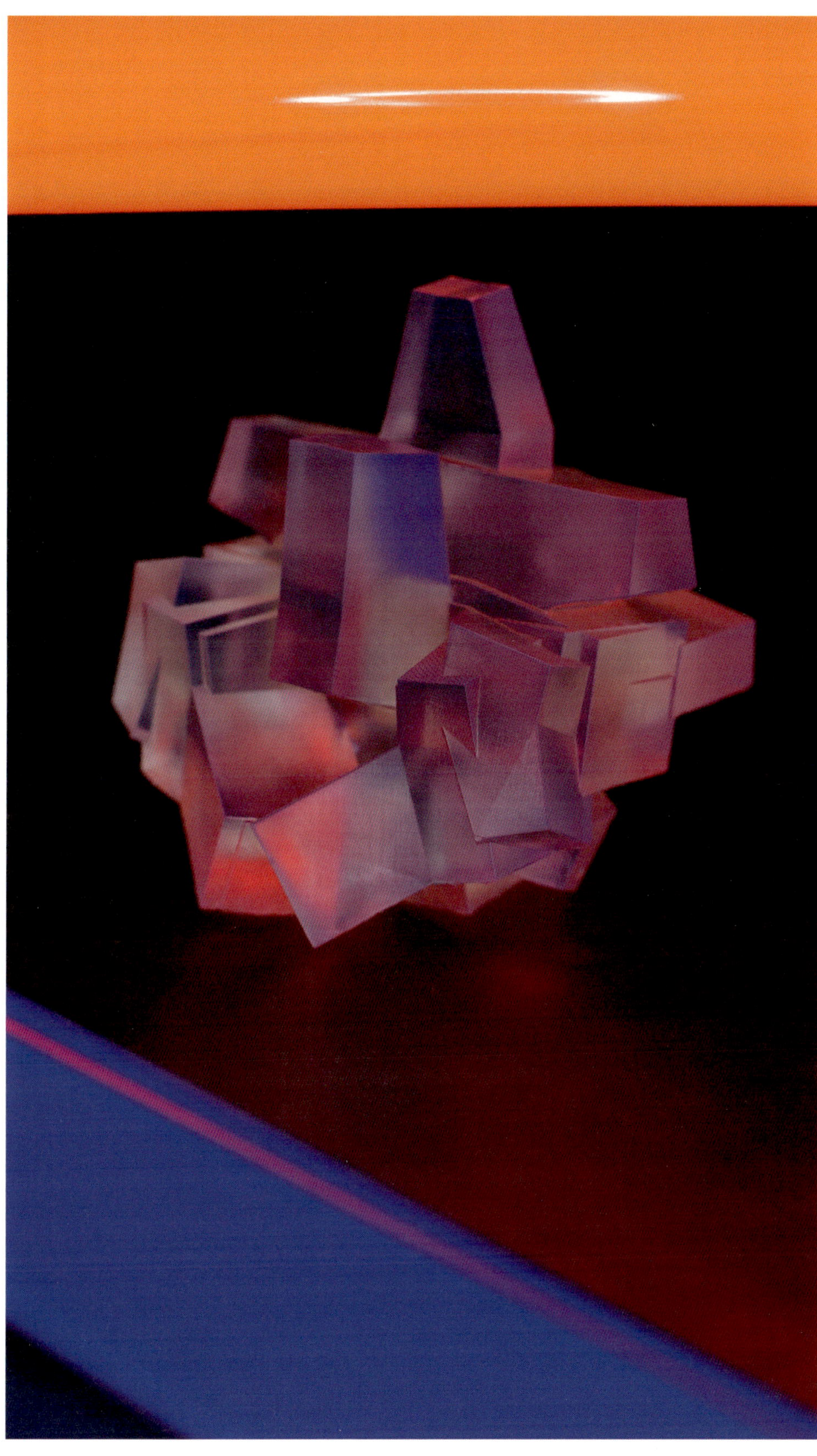

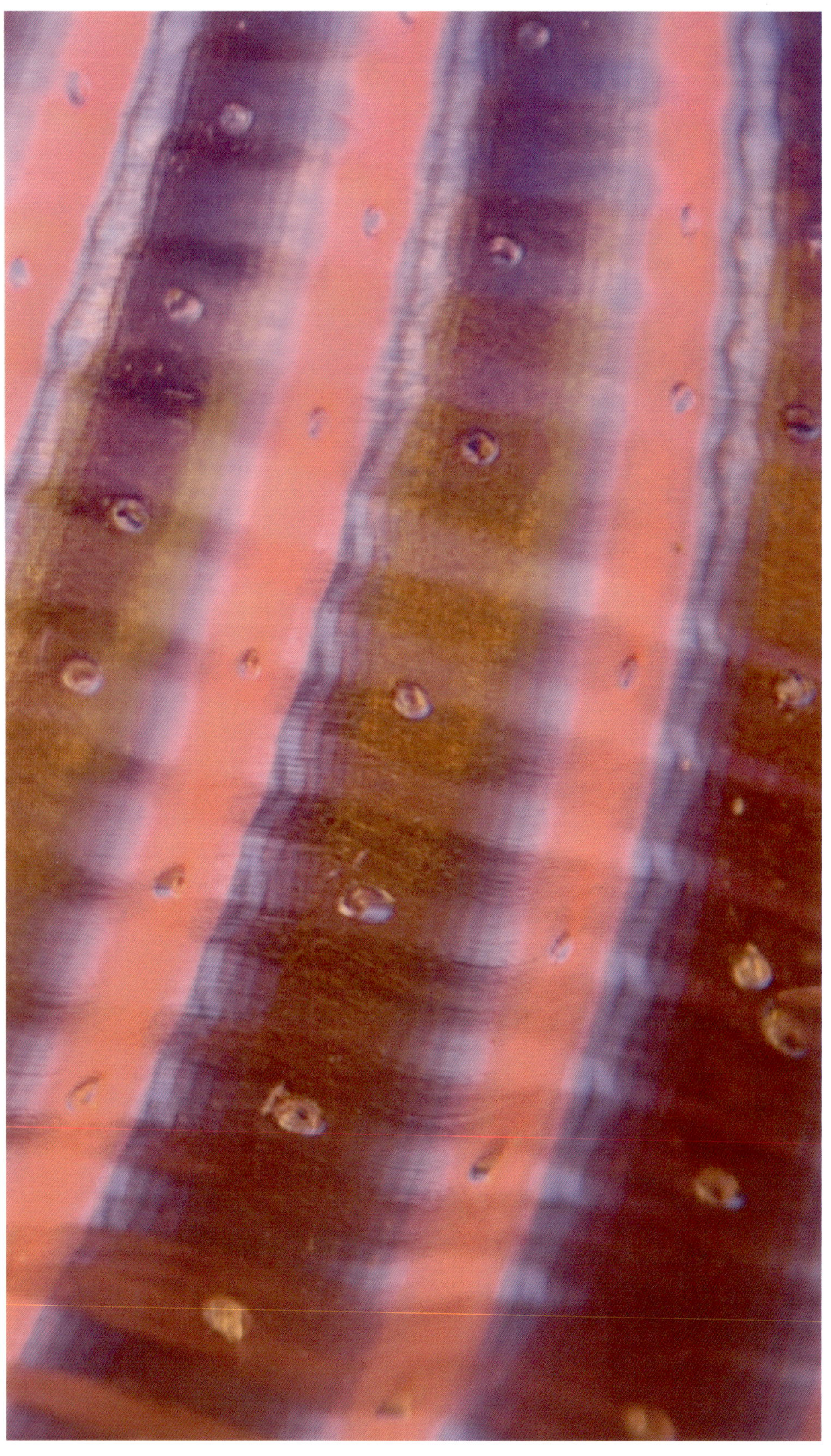

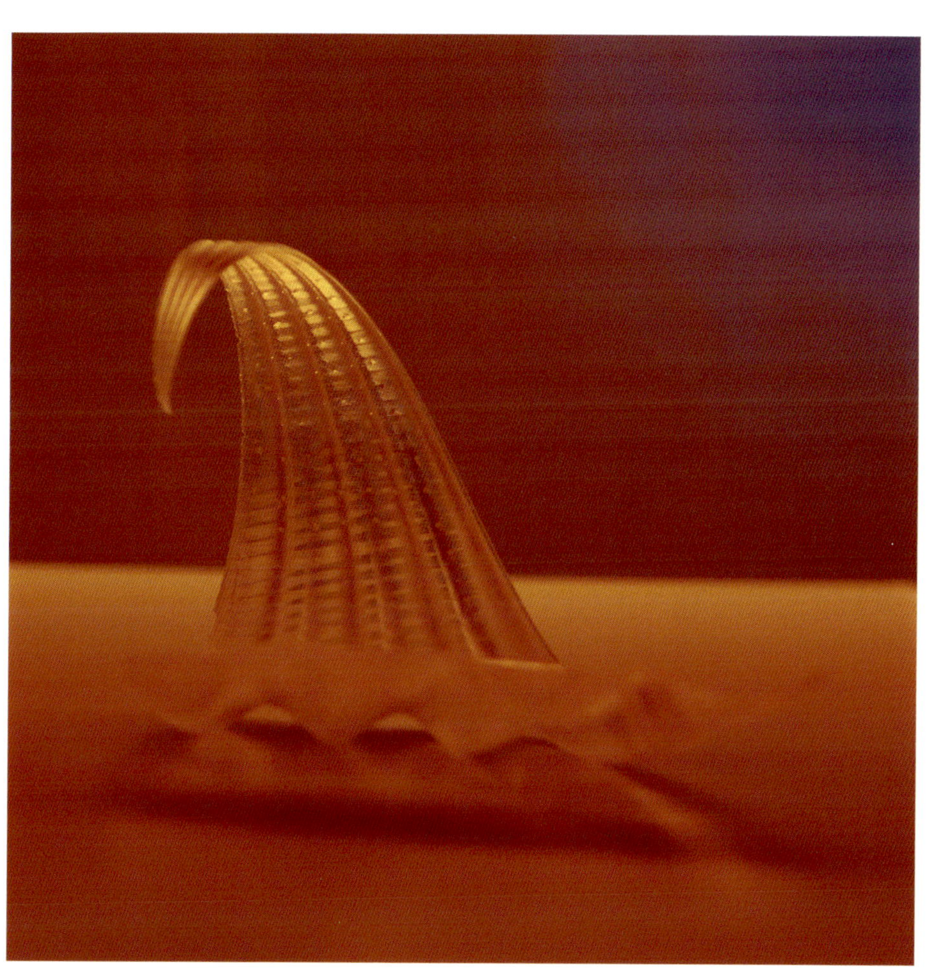

How to get away with murder?
3D-Druck | 3D print, PLA, 2020
130 x 100 mm

How to become a billionaire?
3D-Druck | 3D print, PLA, 2020
130 x 90 mm

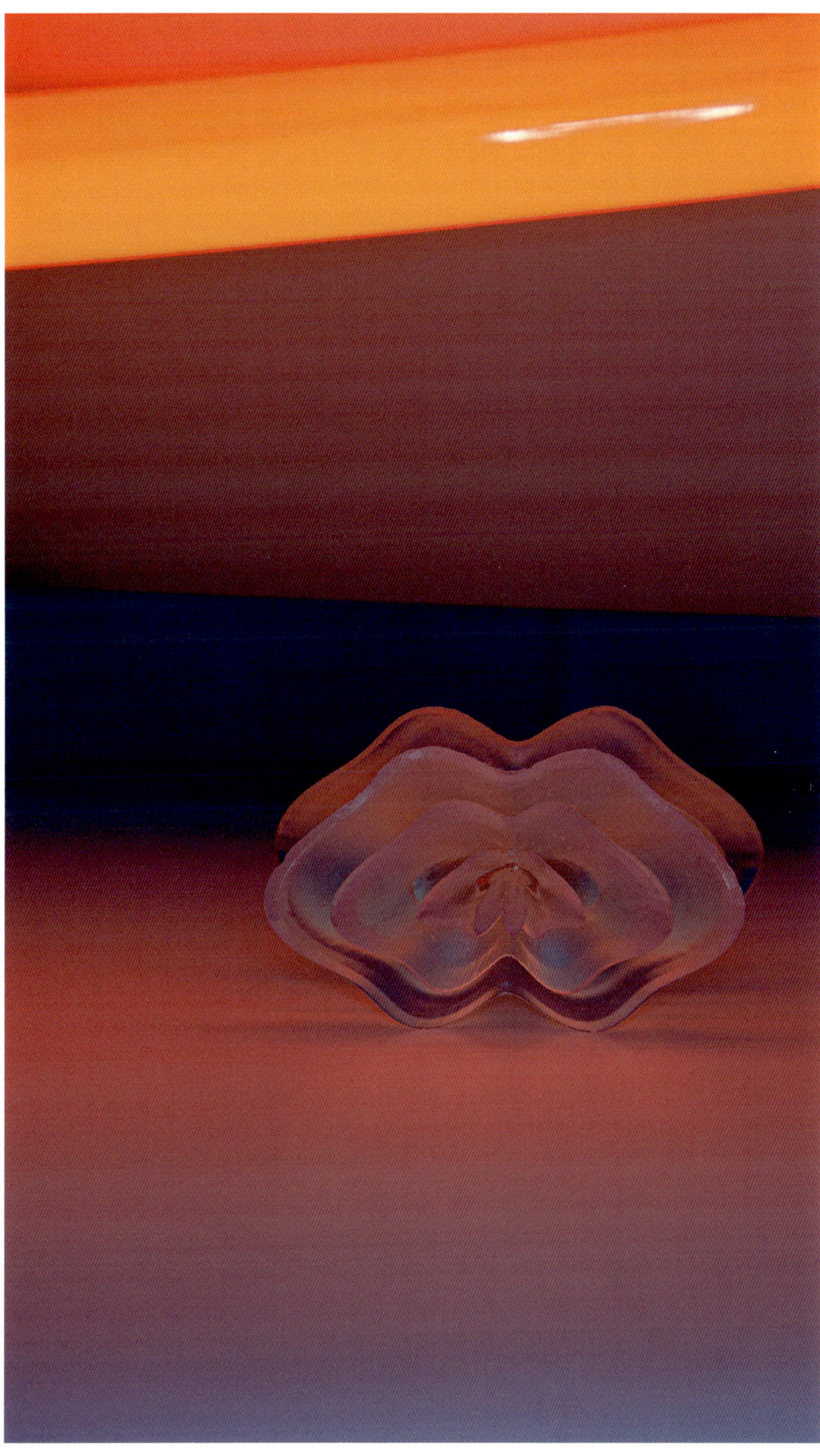

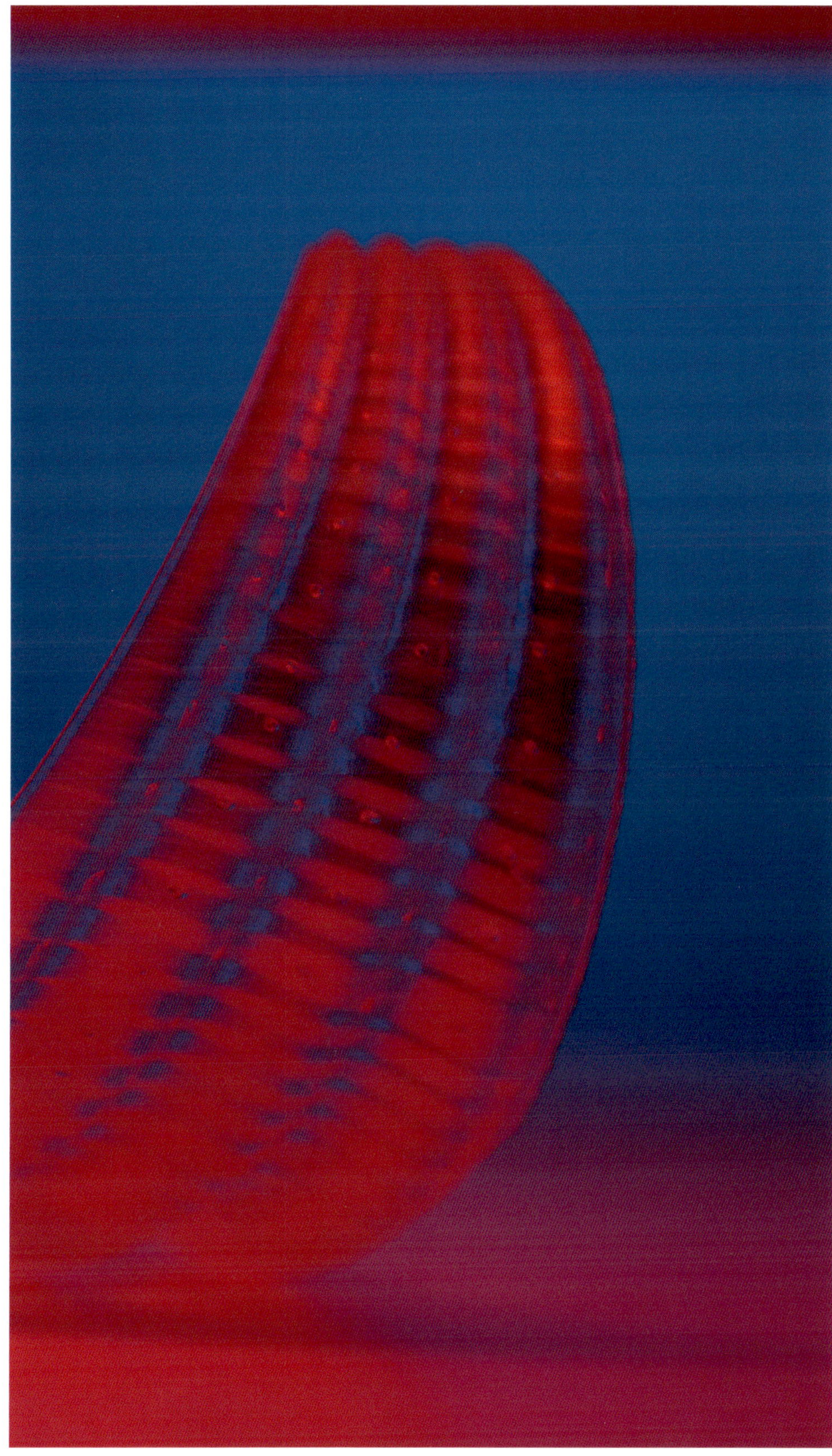

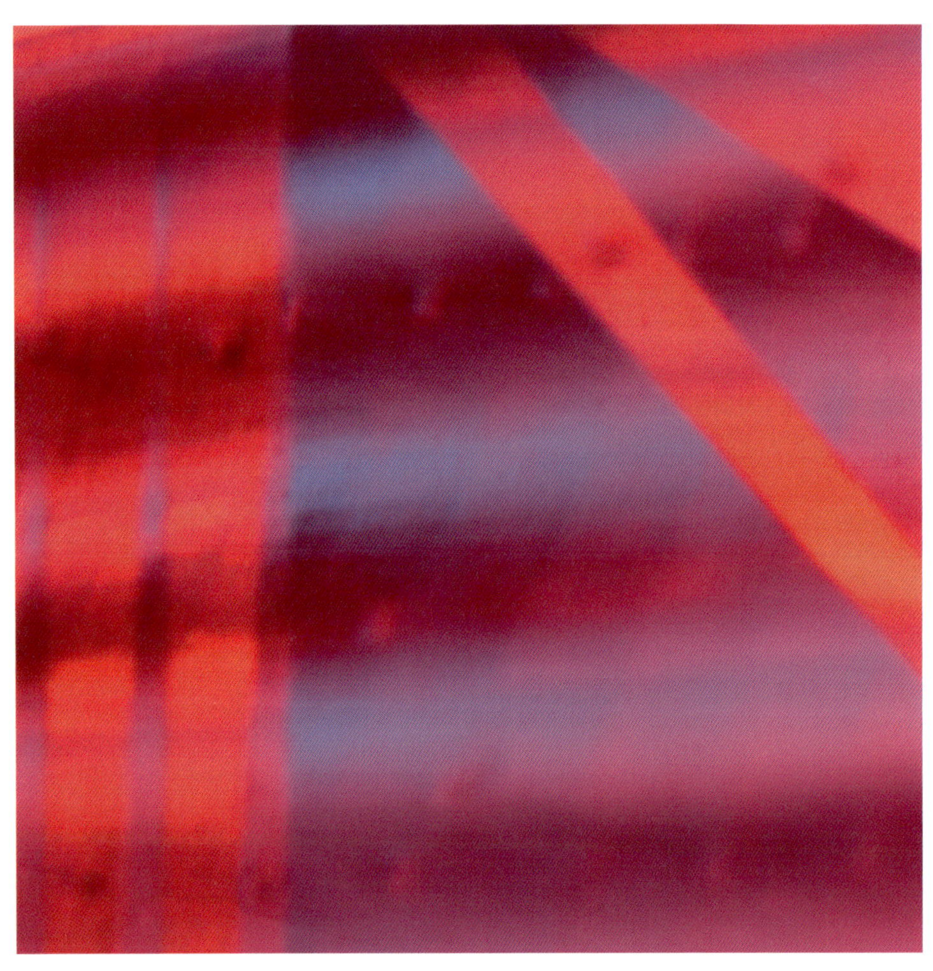

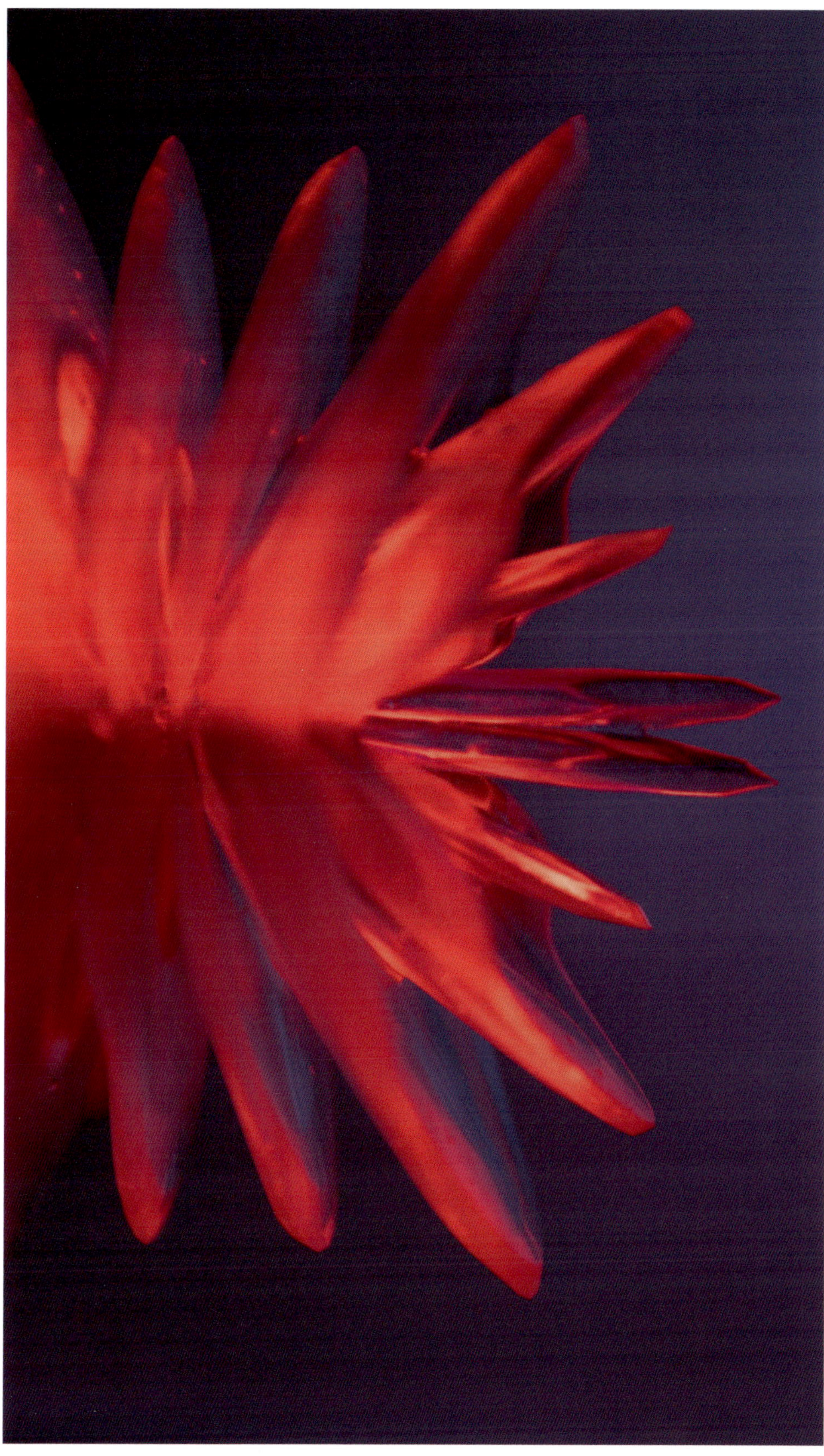

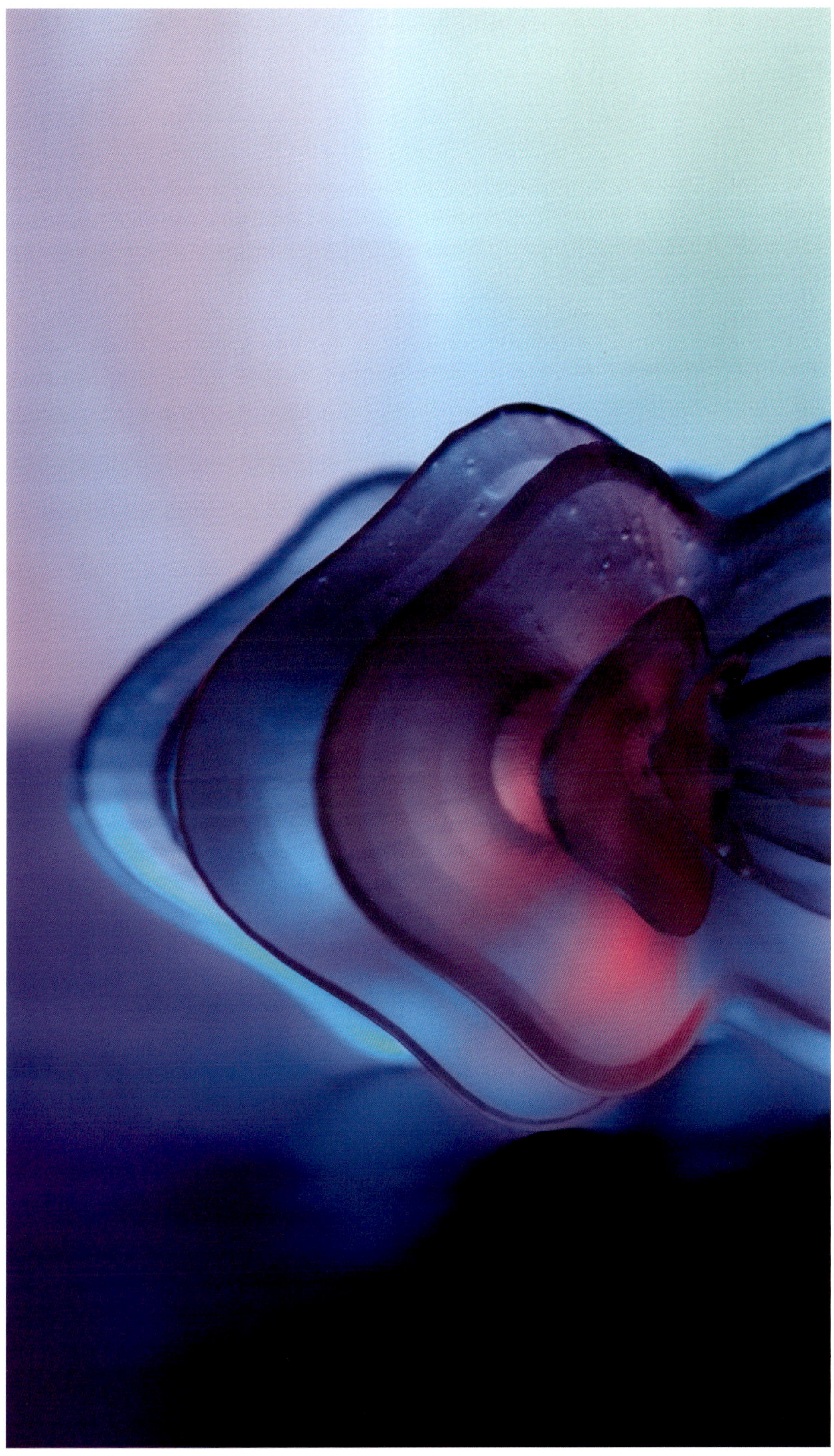

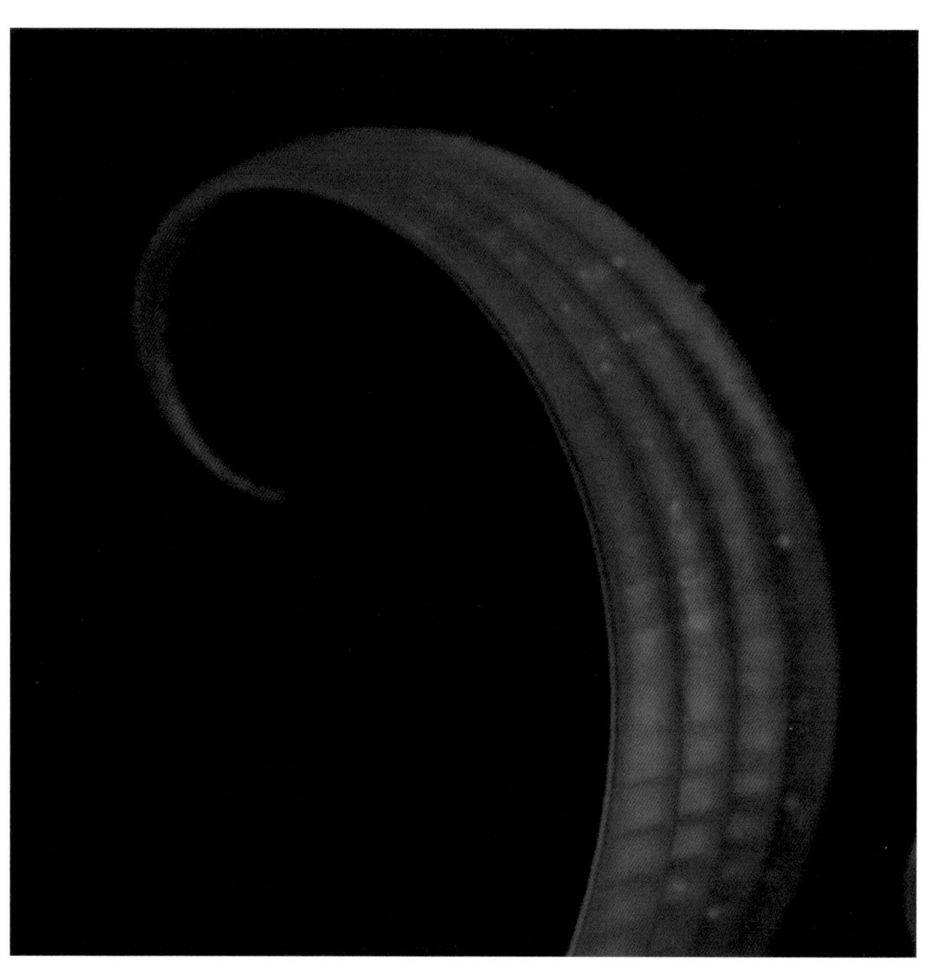

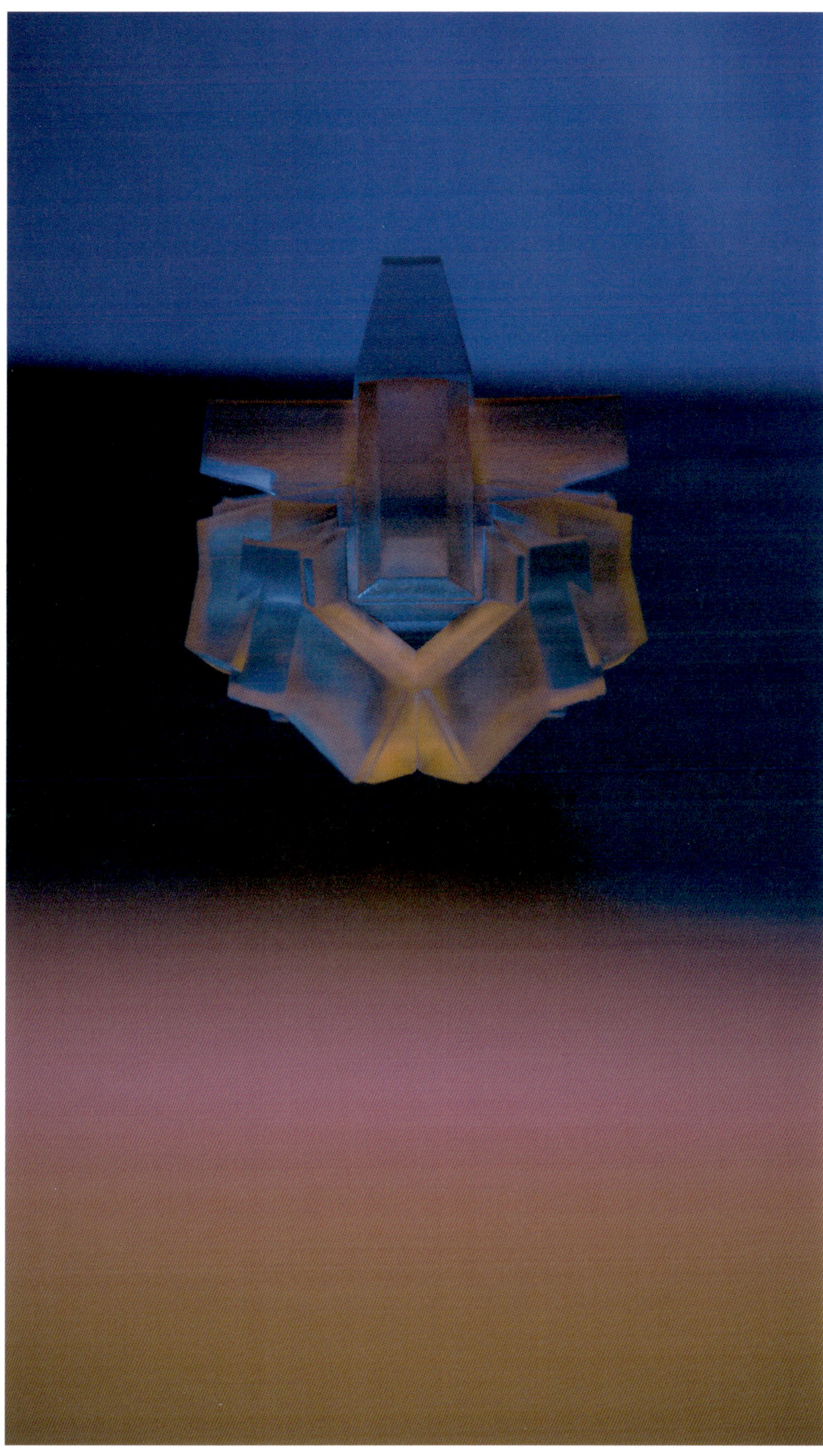

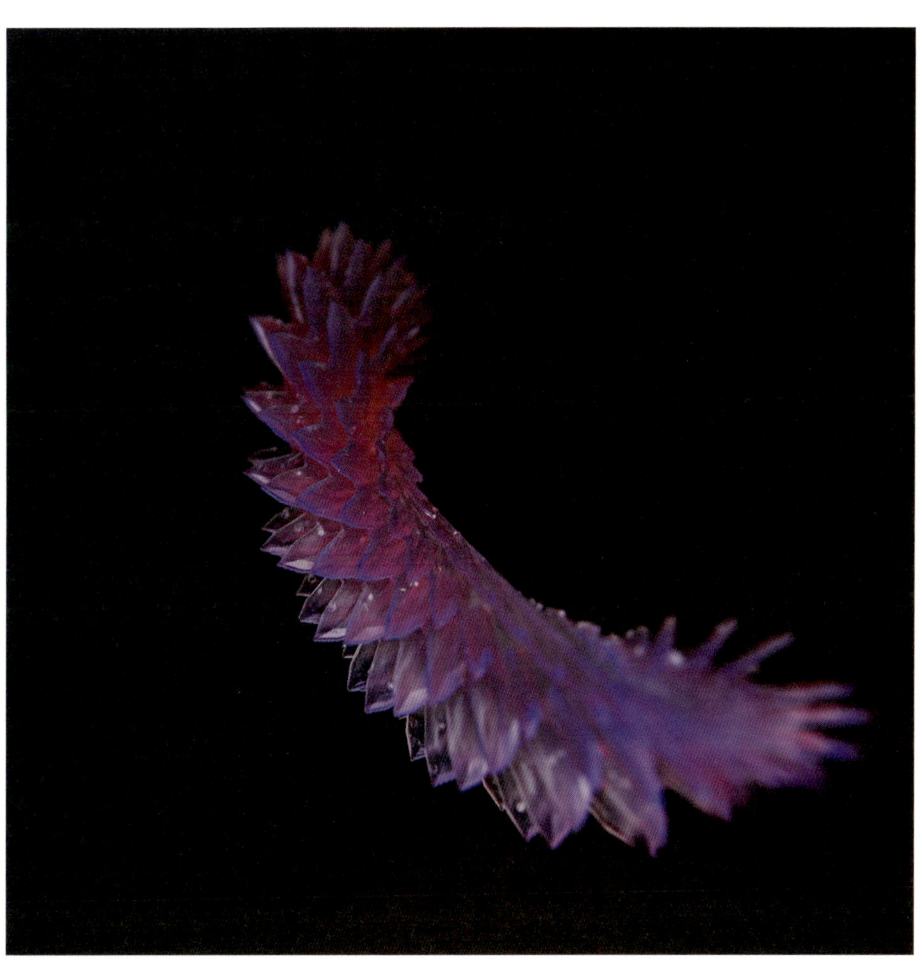

Why are you running?
3D-Druck | 3D print, PLA, 2020
130 x 60 mm

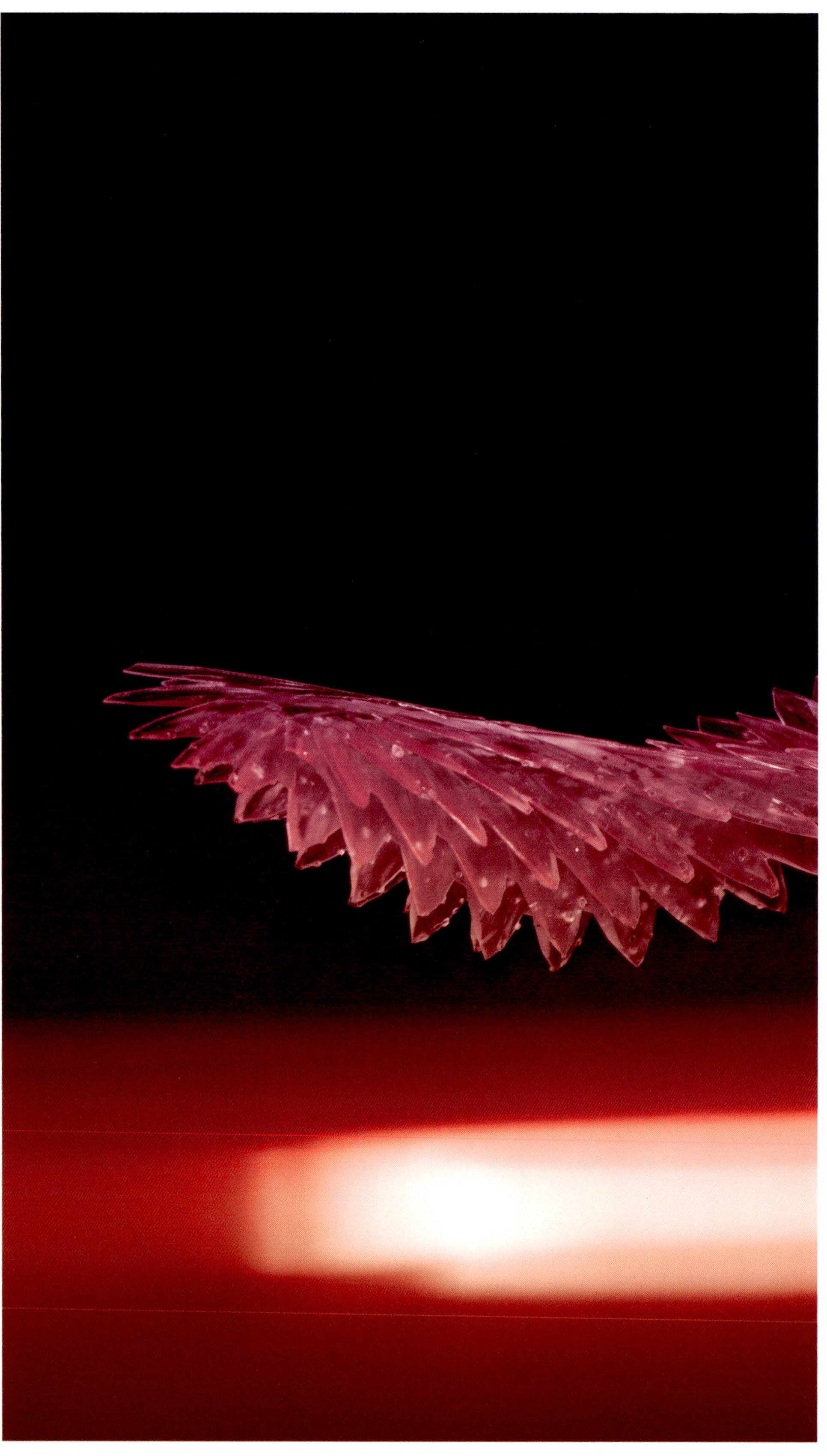

Simone Carneiro (*1978) wuchs zwischen Tel Aviv, Brasilia und Wien auf. In ihrer forschenden Herangehensweise arbeitet sie polymedial und kombiniert verschiedene Arbeitsmethoden, Medien und Technologien, darunter Malerei, Video, Fotografie, Installation, audiovisuelle Performance sowie alte und neue Drucktechniken wie Lithografie und 3D-Druck. Dabei ist ihr Blick auf das Zeitgeschehen stets kritisch und von Skepsis und Humor geprägt. Sie studierte an der Akademie der bildenden Künste Wien mit Schwerpunkt auf dem erweiterten malerischen Raum und präsentierte ihre Arbeiten sowohl im institutionellen Rahmen wie auch in zahlreichen autonomen Kunsträumen, darunter Kunstmessen (Parallel Vienna, 2020), Kunstinstitutionen (Czong Institute for Contemporary Art, 2021, Gimpo; Museumsquartier, Wien, 2017; Art Institute Vienna, 2018; Semperdepot, Wien, 2009), Theater (Teatro Nacional Cláudio Santoro, Brasilia, 2005), Medienfestivals (Künstlerhaus, Wien, 2009; Tate Liverpool, 2008; Fundação Nacional de Artes, Brasilia, 2005) und im öffentlichen Raum (Esplanada dos Ministérios, Brasilia, 2005). Ihre frühe Arbeit war geprägt von ihrem Aufenthalt am Experimental Television Center in New York (2004), wo sie Methoden für die Produktion von Live-Visuals entwickelte, die sie in der Technoszene präsentierte. Simone Carneiro lebt und arbeitet in Wien.

Simone Carneiro (*1978) grew up between Tel Aviv, Brasilia and Vienna. Her research-based polymedia approach combines different working methods, media and technologies, including painting, video, photography, installation, audio-visual performance, as well as old and new printing techniques like lithography and 3D printing. Her view on current affairs is consistently critical and characterised by scepticism and humour. She studied at the Academy of Fine Arts in Vienna focusing on the extended pictorial space, and her works have been presented in institutional settings and in numerous autonomous art spaces. For example, at art fairs (Parallel Vienna, 2020), in art institutions (Czong Institute for Contemporary Art, 2021, Gimpo; Museumsquartier, Vienna, 2017; Art Institute Vienna, 2018; Semperdepot, Vienna, 2009), in theatres (Teatro Nacional Cláudio Santoro, Brasilia, 2005), at media festivals (Künstlerhaus, Vienna, 2009; Tate Liverpool, 2008; Fundação Nacional de Artes, Brasilia, 2005) and in public spaces (Esplanada dos Ministérios, Brasilia, 2005). Her residency at the Experimental Television Center in New York (2004), characterised her early work where she acquired methods for the production of live visuals that she presented in the techno scene. Simone Carneiro lives and works in Vienna.

Roland Schöny (*1961, Wien) ist Kurator, Kulturwissenschaftler und Historiker. Seine Essays wurden in Kunstzeitschriften und in Katalogen von Institutionen wie der Vancouver Art Gallery, dem Centre Pompidou oder Thyssen-Bornemisza Art Contemporary (TBA21) veröffentlicht. Von 2002 bis 2005 war er im kuratorischen Team des O.K Centrum für Gegenwartskunst Oberösterreich in Linz, wo er auch die Reihe O.K spektral als Programm für die visuelle Repräsentation räumlicher Soundkonzepte initiierte. Für die Stadt Wien war er Entwicklungsleiter und Kurator des Programms für Kunst im öffentlichen Raum KÖR. Neben Kooperationen mit dem autonomen ICA Moscow oder dem Fine Arts Department der Penn University in Philadelphia sowie vielzähligen Radioproduktionen für den Österreichischen Rundfunk ORF lehrt er digitale Kunst mit Schwerpunkt Big Data und Forensik in der Populärkultur an der Universität für Angewandte Kunst Wien.

Roland Schöny (*1961, Vienna) is a curator, cultural scientist and historian. His essays have been widely published in art journals and catalogues of institutions such as Vancouver Art Gallery, Centre Pompidou and Thyssen-Bornemisza Art Contemporary (TBA21). He was the development manager and curator for the City Administration of Vienna's public art program *KÖR*, as well as part of the curatorial team at the O.K Center for Contemporary Art Upper Austria in Linz, 2002 to 2005, where he initiated the series *O.K spektral* as a programme for visual representations of spatial sounds. Besides cooperation with the independent ICA Moscow, the Fine Arts Department at Penn University, Philadelphia and his numerous radio productions for the Austria Broadcasting Corporation ORF, he teaches digital art with a focus on big data und forensics in popular culture at the University of Applied Arts Vienna.

Impressum

Konzept: Simone Carneiro
Text: Roland Schöny
Übersetzung: Richard Watts (R. Schöny),
DeepL.com (Interview)
Lektorat: SCHLEBRÜGGE.EDITOR,
Lauren Cooke

Gestaltung: Ismini Adami
Cover: Ismini Adami
Fotografie: Marija Jociūtė

Druck: NINO Druck GmbH
Auflage: 300

Auslieferung
SCHLEBRÜGGE.EDITOR (Wien):
Österreich und Schweiz
Runge Verlagsauslieferung (Steinhagen):
Deutschland
John Rule Art Book Distribution (London):
Europa und weltweit

ISBN 978-3-903172-88-3

SCHLEBRÜGGE.EDITOR
Museumsplatz 1
(Q21 im MuseumsQuartier Wien)
A–1070 Wien
T | F: +43 1 367 94 72
schlebruegge.editor@aon.at
www.schlebruegge.com

Mit freundlicher Unterstützung von:

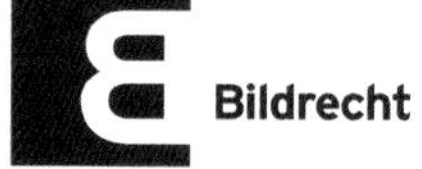

Imprint

Concept: Simone Carneiro
Text: Roland Schöny
Translation: Richard Watts (R. Schöny),
DeepL.com (interview)
Copy editing: SCHLEBRÜGGE.EDITOR,
Lauren Cooke

Design: Ismini Adami
Cover: Ismini Adami
Photography: Marija Jociūtė

Printed by: NINO Druck GmbH
Print run: 300

Distribution
SCHLEBRÜGGE.EDITOR (Vienna):
Austria and Switzerland
Runge Verlagsauslieferung (Steinhagen):
Germany
John Rule Art Book Distribution (London):
Europe and worldwide

ISBN 978-3-903172-88-3

SCHLEBRÜGGE.EDITOR
Museumsplatz 1
(Q21 in MuseumsQuartier Vienna)
A–1070 Vienna
T | F: +43 1 367 94 72
schlebruegge.editor@aon.at
www.schlebruegge.com

© 2022 SCHLEBRÜGGE.EDITOR, Vienna
© 2022 by the authors (texts)
© 2022 by the artist and photographer
(photos and works)

All rights, especially the right of any
form of reproduction and distribution
as well as translation, also of parts,
are reserved.

With the kind support of: